职业院校素质教育创新系列教材

公共基础课"互联网+"新形态教材

礼仪与职业形象

第2版

主　　编　王　晔　郭宗娟

副 主 编　郭婷婷　李　倩

参　　编　郑艳秋　李　松　骆　甜　薛景昆

曾丽橙　秦　露　于　晶

机械工业出版社

本书是一本易懂、实用的教材，在内容选择上，根据职场对从业人员礼仪的要求，结合中等职业学校人才的培养目标及成长规律，对传统的礼仪教学内容进行了重构，形成了走进礼仪的世界、拥有端庄的仪容仪表、塑造优雅的举止、提供热情周到的接待、在社交交往中提升个人价值、在涉外交往中塑造良好形象六个项目。

本书既可作为中等职业学校学生的礼仪教材，也可作为各行业在职人员岗位礼仪培训的参考书。

图书在版编目（CIP）数据

礼仪与职业形象/王晔，郭宗娟主编. —2版. —北京：机械工业出版社，2022.11（2025.6重印）
职业院校素质教育创新系列教材　公共基础课"互联网+"新形态教材
ISBN 978-7-111-71913-7

Ⅰ.①礼… Ⅱ.①王… ②郭… Ⅲ.①礼仪—中等专业学校—教材 ②个人—形象—设计—中等专业学校—教材 Ⅳ.①K891.26 ②B834.3

中国版本图书馆CIP数据核字（2022）第201318号

机械工业出版社（北京市百万庄大街22号　邮政编码100037）

策划编辑：宋　华　　　　　责任编辑：宋　华　邢小兵
责任校对：韩佳欣　张　征　　封面设计：王　旭
责任印制：邸　敏

中煤（北京）印务有限公司印刷

2025年6月第2版第2次印刷
184mm×260mm·10.75印张·240千字
标准书号：ISBN 978-7-111-71913-7
定价：39.80元

电话服务　　　　　　　　　网络服务
客服电话：010-88361066　　机　工　官　网：www.cmpbook.com
　　　　　010-88379833　　机　工　官　博：weibo.com/cmp1952
　　　　　010-68326294　　金　书　网：www.golden-book.com
封底无防伪标均为盗版　　　机工教育服务网：www.cmpedu.com

孔子曰："不学礼，无以立。"中国是文明古国，素以"礼仪之邦"享誉于世。礼是中国传统文化的核心，是中华民族宝贵的精神文化遗产，礼仪教育已经成为中等职业学校学生乃至国民素质教育的重要内容。工作人员的礼仪素质、仪表形象、言谈举止不仅代表着个人形象，还代表着整个单位的形象。即将步入职场的中等职业学校学生，除了要掌握本专业相关的专业技能，还应培养必备的礼仪素养。

"礼仪与职业形象"是中等职业学校航空服务等专业的专业核心课程和各专业的公共基础课，是理论与实践一体化的课程。本书的主要任务是让学生掌握礼仪规范、形象妆饰、仪态举止的知识与技能，塑造良好的职业形象，提高个人礼仪素质，为学生进入工作岗位奠定礼仪素质基础。

本书本着"以礼导行、以礼融德、以礼育人"的实用理念，以学生的就业为导向，以培养应用能力为主线，构建讲授和实训一体的教学模块，引导学生"做中学、学中做"。

本书注重学习过程的评价，每个任务完成后都要进行学生与教师的共同评价，通过理论与实践的结合，重点对学生的职业技能进行评价，充分发挥学生的学习主动性和积极性，提升学生的职业素养和能力，培养学生树立正确的礼仪理念和服务意识，能将所学礼仪规范灵活运用到实际工作中去。

在内容选择上，本书以各商务场合对职场人员礼仪的要求为典型，结合中等职业学校人才的培养目标及成长规律，对传统的礼仪教学内容进行了重构，形成了六个项目十三个任务，将知识、技能渗透到教学的各环节活动中。

本课程建议学时分配如下：

学 习 项 目	任　　务	学　时
项目一 走进礼仪的世界	认识礼仪	2
	认识服务礼仪	2
项目二 拥有端庄的仪容仪表	打造洁雅的仪容	8
	展示服饰的魅力	4
项目三 塑造优雅的举止	把握表情的运用	4
	培养优雅的仪态	10
项目四 提供热情周到的接待	打造完美的第一印象	6
	用声音传播你的美	8

学 习 项 目	任 务	学 时
	掌握面试礼仪	6
项目五 在社会交往中提升个人价值	掌握就餐礼仪	6
	掌握乘车礼仪	4
项目六 在涉外交往中塑造良好形象	了解涉外礼仪	6
	了解部分国家的风土人情	6
总学时	72	

（续）

本书由王晔、郭宗娟担任主编，郭婷婷、李倩担任副主编，参加编写的还有郑艳秋、李松、骆甜、薛景昆、曾丽橙、秦露、于晶。本书在编写过程中参考了大量相关资料，在此谨向相关作者致以真诚的谢意。

为了方便教学，凡选用本书作为教材的教师，均可登录机械工业出版社教材服务网（http://www.cmpedu.com）免费下载电子资源包；书中还在重点节点插入二维码，扫码呈现各礼仪规范化演示视频，供学生参照练习。

由于编者水平有限，书中难免存在不足之处，恳请专家、读者给予批评指正。

编 者

二维码索引

目录

项目一　走进礼仪的世界

学习目标

- 了解礼仪和服务礼仪的基本知识和特征。
- 了解礼仪在工作和生活中的重要作用。
- 注重礼仪修养，以礼仪道德规范自身行为。

任务一　认识礼仪

案例导入

　　在南北朝时期，有一人叫陆晓慧，才华横溢，博闻强识，为人更是恭谨亲切。陆晓慧官至长史，地位很高，但是对于前来拜见他的人，他都以礼相待，不管官职大小，一点儿也不摆架子。客人拜见后离开时，他都会站起身亲自将对方送到门外。

　　有人看到他这样很不理解，就问他："您官居高位，不管对谁都是彬彬有礼，这样实在有失身份和威严，您何必这样呢？"陆晓慧听了却不以为然，笑着说道："欲先取之，必先予之。我想让人尊重我，那我就必须先尊重别人。"

　　古人说："爱人者，人恒爱之；敬人者，人恒敬之。"陆晓慧在尊重别人的同时也得到了别人对他的尊重和支持，久而久之，他的政绩和口碑也远超他人。

　　这个案例对你有何启示？你如何理解人与人之间的尊重？

_____

_____

_____

知识点　树立礼仪形象的意识

名人名言

不学礼，无以立。

——孔子

礼仪是一个人乃至一个民族、一个国家文化修养和道德修养的外在表现形式，是做人的基本要求。中华民族自古以来就非常崇尚礼仪，有"礼仪之邦"的称号。孔子曾说过："不学礼，无以立。"就是说一个人要有所成就，就必须从学礼开始。可见，礼仪教育对培养文明有礼、道德高尚的高素质人才起着十分重要的作用。

一、礼仪概述

礼仪是在人际交往中，以一定的、约定俗成的程序和方式来表现的律己敬人的过程，涉及仪容、穿着、表情、交往、沟通等内容。从个人修养的角度来看，礼仪可以说是一个人内在修养和素质的外在表现；从交际的角度来看，礼仪可以说是人际交往中适用的一种艺术、一种交际方式或交际方法，是人际交往中约定俗成的示人以尊重、友好的习惯做法；从传播的角度来看，礼仪可以说是在人际交往中进行有效沟通的基础和保障。礼仪可以大致分为政务礼仪、商务礼仪、服务礼仪、社交礼仪和涉外礼仪等类型。

1. 礼仪的含义

我国古代的"礼"有三种含义，即政治制度、礼貌礼节、礼物；"仪"也有三种含义，即容貌和外表、仪式礼节、准则和法度。古代礼仪更加偏重于政治体制上的道德教化。西方的"礼仪"指言谈举止、教养和规矩、仪式典礼和习俗。

综合我国古代和西方对礼仪的理解，现代礼仪的含义可以概括为：礼仪是一种行为规则和行为模式；礼仪是大家共同遵守的；礼仪具有存在的合理性。

从广义上讲，礼仪是指一个国家的典章制度；从狭义上讲，礼仪是指人们在社会交往中受历史传统、风俗习惯、宗教信仰、时代潮流的影响而形成的，既为人们所认同又为人们所遵守，以建立和谐关系为目的的各种符合礼的行为准则和规范的总和。

2. 礼仪的作用

（1）内强素质。作为现代人，无论是跟他人打交道还是做好本职工作，恰到好处地展现自己的素质都是非常重要的。教养体现于细节，细节展示素质。言谈、话语、举止行为，都由个人的素养决定。荀子曾说"礼者，养也"，指的就是此意。总之，个人形象代表着国家形象、组织形象、产品形象和服务形象。

（2）外塑形象。在国际或国内商务交往中，员工的个人形象代表着组织形象，也代表着产品和服务形象。因此，我们一定要时刻维护好自身形象。

（3）增进交往。礼仪是良好交往的前提和保障，是建立友谊的纽带。一个人不论从事何种职业，无论当农民、工人、企业家、官员、学生还是学者，都要和别人交往。既然要和别人交往，就要掌握交往的艺术。我们要了解礼仪，更要遵守礼仪。

3. 礼仪的理念

（1）尊重为本。孔子说："礼者，敬人也。"这是对礼仪核心思想的高度概括。礼仪最重要的要求就是尊重。尊重上级是一种天职，尊重同事是一种本分，尊重下级是一种美德，尊重客人是一种常识，尊重对手是一种风度，尊重所有人则是一种教养。我们必须强调：运用礼仪、掌握礼仪、学习礼仪时，最重要的就是尊重。

（2）善于表达。和外人打交道时，一定要恰到好处地把尊重和友善表达出来，否则会影响沟通效果。所以，一定要善于表达自己的律己与敬人之意。

（3）形式规范。运用礼仪时要讲究规范，通过自己的学习和观察、练习与努力，不断增加自己礼仪方面的知识，提升自己在待人接物方面的能力，进而增进自己的人际交往水平。

4．"三礼"

现代社会的"三礼"指礼貌、礼节、礼仪。

（1）礼貌。礼貌，指人们在交往过程中，通过言语、动作向交往的对象表示谦虚和恭敬，侧重表现人的品质和修养。

（2）礼节。礼节，是人们在交际场合，表示相互尊重、友好的惯用形式，是礼貌的具体表现形式。礼节是人和人交往的礼仪规矩。礼节是不影响他人的美德，是恭敬他人的善行，也是自己行万事的通行证，是要通达践履的。

（3）礼仪。礼仪，是对礼节礼貌的统称，是人们在社会生活中处理人际关系时为表现礼貌、礼节时用来约束自己，尊重他人的社会道德规范。礼仪的最高境界是内在修养与外在表现达到和谐一致。内心是善的，怀仁义之心，行忠恕之道。外表是美的，举止优雅，风度潇洒，打扮得体，谈吐大方。

5．礼仪的原则

在日常工作和学习中学习和应用礼仪，需要系统掌握与礼仪相关的一些规律和原则，了解人际交往中一些约定俗成的惯例。

（1）尊重原则。尊重，即约束自己、尊敬他人。我们理解的礼仪从总体上可以认为是人们对待自身的要求和对待他人的做法这两大部分。古语云："己所不欲，勿施于人。"学习和应用礼仪，一个重要的方面就是对自己有严格的要求，自我约束，自我控制，自我反省；同时，在交际活动中，与交往对象要和睦相处，互尊互敬，敬人比自省更为重要，而这实际上是礼仪的核心内容。

（2）平等宽容原则。平等是人与人之间建立情感的基础，而礼仪行为总是表现为双方性或者多方性。在交往过程中，既不盛气凌人，也不卑躬屈膝，不因交往对象在年龄、性别、种族、文化、职业、身份、地位、财富等方面的不同而厚此薄彼、区别对待，做到平等待人、以礼待人。宽容即要宽以待人，体谅、理解他人，而不能过分苛刻、斤斤计较。宽容是理解的升华，以宽容的态度为人处世并不是懦弱的表现，而是一种气度。宽容别人不但能缓和气氛，而且有助于改善人际交往环境。

（3）适度原则。适度原则是指在实施社交礼仪的过程中，要注意把握与特定环境相适应的情感尺度、行为尺度、言语尺度，以建立和保持健康、良好、持久的人际关系。比如，在工作场合，对上级领导不够尊重是无礼的表现，但过分地恭维则会给人阿谀奉承之感，反而是失礼的表现。为了保证交往的顺利进行，必须注意技巧，合乎规范，坚持适度原则，做到谦虚不拘谨、幽默不圆滑。

二、培养礼貌修养的方法与途径

（1）善于学习是培养礼貌修养的前提。

1）努力学习礼仪知识，使自己博闻多识。

2）广泛涉猎科学文化艺术知识，使自己见多识广，学识丰富。

3）自觉加强思想道德修养，是礼貌修养的基础。

（2）勇于实践是培养礼貌修养的根本。

1）认识加强修养的重要性。

2）树立终身学习的理念，必须在不断的学习、思考中提高。

3）锤炼思想品德。一是正确树立"三观"，二是做"四德"（职业道德、社会公德、家庭美德、个人品德）的模范，三是在生活中加强锻炼。

4）学习要与工作相结合。在工作中学习，在学习中工作。让工作学习化、学习工作化成为常态。只要肯学，时时是学习之时，事事是学习对象，处处是学习之所。学习应是全面的、系统的、富有探索精神的，既要抓住学习重点，也要注意拓展学习领域；既要向书本学，也要向实践学；既要向人民群众学，也要向专家学者学，向外国有益经验学。

（3）贵在自觉，严字当头，重在领悟、磨炼、陶冶和养成。学到知道并不等于做到，光学不用等于没学，有知识不实践等于无知。《礼记·中庸》有云："博学之，审问之，慎思之，明辨之，笃行之。"说的就是从学习到实践的方法。一定要把学到的知识运用到工作、生活中，把学习的成果转化为谋划工作的思路、解决问题的能力、领导管理的本领、道德修养的路径。这种转化也是很重要的能力，还需要努力奋斗的过程。

知识拓展一　文明礼貌格言

礼者，人道之极也。（荀子）

安上治民，莫善于礼。（引自《孝经》）

道之以德，齐之以礼。（引自《论语》）

不学礼，无以立。（引自《论语》）

礼，经国家，定社稷，序民人，利后嗣。（引自《左传》）

礼，天之经也，地之义也，民之行也。（引自《左传》）

人无礼则不生，事无礼则不成，国家无礼则不宁。（荀子）

人有礼则安，无礼则危。（引自《礼记》）

知识拓展二　礼仪的起源与发展

人类最初的礼仪主要是对神秘大自然的敬畏和祈求，各种宗教、原始崇拜由此而生，如拜物教、图腾崇拜、祖先崇拜等。为了表达这种崇敬之意，人类生活中就有了祭祀活动，并在祭祀活动的历史发展中逐渐完善相应的规范和制度，正式成为祭祀礼仪。

　　我国古代礼仪形成于夏商时期，统治阶级将原始的宗教礼仪发展为符合奴隶社会政治需要的礼制。在这个阶段，形成了比较完整的国家礼仪与制度。到了封建社会，礼仪继续发展，内容大致包括国家政治礼制和家庭伦理两类。这一时期的礼仪构成了中华传统礼仪的主体。辛亥革命以后，受西方思想的影响，我国的传统礼仪规范、制度受到冲击，新的礼仪标准、价值观念得到推广和传播。中华人民共和国成立后，逐渐确立了以平等相处、友好往来、相互帮助、团结友爱为主要原则的具有中国特色的新型社会关系和人际关系。改革开放以来，随着我们与世界的交往日益密切，国外一些先进的礼仪、礼节陆续传入我国，同我国的优秀传统礼仪一道融入社会生活的各个方面，构成了社会主义礼仪的基本框架。许多礼仪从内容到形式都在不断变革，现代礼仪进入了全新的发展时期。

测一测

　　1. 礼仪是在人际交往中，以_____、_____程序和方式来表现的律己敬人的过程，涉及_____等内容。从个人修养的角度来看，礼仪可以说是一个人内在_____的外在表现；从交际的角度来看，礼仪可以说是人际交往中适用的一种_____、一种_____或_____，是人际交往中约定俗成的示人以尊重、友好的习惯做法；从传播的角度来看，礼仪可以说是在人际交往中进行_____的基础和保障。礼仪可以大致分为_____礼仪、_____礼仪、_____礼仪、_____礼仪和_____礼仪等类型。

　　2. 请简述礼仪的原则。

　　3. 自我测试。满分为100分，A、B、C、D分别对应4、3、2、1分。

　　（1）你探望、问候父母等长辈的频率是？

　　　　A. 经常　　　　　B. 一般　　　　　　C. 偶尔　　　　　D. 从不主动

　　（2）你听从父母等长辈的意见或开导吗？

　　　　A. 经常　　　　　B. 一般　　　　　　C. 偶尔　　　　　D. 不听或感到厌烦

　　（3）你陪父母等长辈聊天吗？

　　　　A. 经常　　　　　B. 一般　　　　　　C. 偶尔　　　　　D. 嫌他们啰唆

　　（4）你记得父母的生日吗？

　　　　A. 记得　　　　　B. 记得大概日子　　C. 记得月份　　　D. 毫无印象

　　（5）你路遇师长打招呼吗？

　　　　A. 经常　　　　　　　　　　　　　　　B. 一般

　　　　C. 偶尔　　　　　　　　　　　　　　　D. 装作没看见或不认识

　　（6）你走进老师或长辈的房间前先敲门吗？

　　　　A. 经常　　　　　B. 一般　　　　　　C. 偶尔　　　　　D. 从不

　　（7）逢年过节你给师长发信息或邮件问候吗？

　　　　A. 经常　　　　　B. 一般　　　　　　C. 偶尔　　　　　D. 从不

（8）你上课时认真听课吗？

  A．经常   B．一般   C．偶尔   D．随自己高兴

（9）你对老师为你做的事情表示尊重和感激吗？

  A．经常   B．一般   C．偶尔   D．从不，我行我素

（10）你给长辈打电话时注意礼貌用语吗？

  A．经常   B．一般   C．偶尔   D．从不注意

（11）在公共场所你注意长幼有序吗？

  A．经常   B．一般   C．偶尔   D．从不注意

（12）你在公交车上给老弱病残孕让座吗？

  A．经常   B．一般

  C．偶尔，看自己高兴   D．从不，装作没看见

（13）与人相处时你注意个人卫生吗？

  A．经常   B．一般   C．偶尔   D．从不

（14）在公共场合你大声喧哗、旁若无人吗？

  A．从不   B．偶尔（控制不住时）

  C．一般   D．经常

（15）你答应别人的事，做到"言必行，行必果"了吗？

  A．经常   B．一般   C．偶尔   D．经常忘掉

（16）你借别人的书籍、物件及时归还了吗？

  A．经常   B．一般   C．偶尔   D．经常忘掉

（17）你对别人说粗话或贬损别人吗？

  A．从不   B．偶尔（控制不住时）

  C．一般   D．经常（因为别人对我不好）

（18）别人批评你，你能闻过则改吗？

  A．经常   B．一般   C．偶尔   D．从不

（19）你帮助别人，并从中享受快乐吗？

  A．经常   B．一般   C．偶尔   D．从不

（20）你看到别人失败或有缺点时会幸灾乐祸吗？

  A．从不   B．偶尔   C．一般   D．经常

（21）你尊重普通劳动者（如清洁工、门卫、办事员等）的劳动吗？

  A．尊重   B．比较尊重

  C．表面上尊重，心底里瞧不起   D．根本没感觉

（22）你注意节约粮食、水电吗？

  A．注意   B．比较注意   C．随自己高兴   D．从不在乎

（23）碰到社会不良现象，你会挺身而出吗？

  A．经常   B．一般   C．偶尔能够   D．尽可能躲开

（24）你说话、做事注意别人的感受吗？

  A．很注意 B．比较注意 C．偶尔注意 D．从不注意

（25）你做错事情敢于承担责任吗？

  A．一定会 B．一般 C．偶尔会 D．从不

成果评价

  结合本单元的学习内容，填写表1-1，对认识礼仪的程度进行评价，并在相应的等级中画"√"。

表1-1　认识礼仪评价表

评价内容	😄		😐		🙁	
	学生评	教师评	学生评	教师评	学生评	教师评
了解礼仪的概念						
掌握礼仪的原则						
掌握培养礼貌修养的方法与途径						

任务二　认识服务礼仪

案例导入

  在一次航班任务中，窗外风雨交加、电闪雷鸣，旅客已完成登机程序，正在飞机上等待起飞。这时机长广播由于天气原因，机场排队起飞的飞机较多，为了飞行安全飞机将延误一段时间。这时，不少旅客发出质疑：为什么天气不好，还要让我们登机？飞机上太闷热了，能不能去候机楼等待？飞机到底什么时候能起飞……执飞的乘务员在客舱里耐心安抚旅客，为旅客提供矿泉水等饮品，礼貌、专业地解答旅客的问题："我们的飞机正在排队中，为了得到指令后尽快起飞，所以安排您现在登机。我们很理解您的心情，也希望飞机尽快起飞，得到消息后我们会第一时间通知您。"这时一位先生愤怒地拍着小桌板，一杯水哗啦一下洒在了乘务员身上。"你们天天说耐心等待，我真的非常赶时间，我不要求你们现在起飞，你告诉我还需要等多久？"乘务员也被旅客的这一举动惊吓到，但很快平复心情，语气坚定地对旅客说："先生，您肯定经常坐飞机，其实这种情况您也很了解，您别激动，我马上让乘务长联系机长，看看能否有具体的等待时间，请您稍等，我马上回来！"这位乘务员没有顾及自己被打湿的衣服，而是马上联系了乘务长。很快，她将得到的信息告知了这位旅客：

"先生您好，刚得到最新消息，我们的飞机排在第10位，马上可以滑出机位，准备起飞。您看您都急出汗了，这是为您准备的纸巾，您擦擦汗。"该旅客这时情绪也没有那么激动了，接过纸巾，抱歉地说："真是不好意思，我刚才没控制好自己情绪，公司的事情很着急，你也快擦擦吧。"乘务员笑了笑说："没事，先生，正好天气热、客人也多，您这水一洒，我正好降温了。"飞机顺利起飞，落地时这名旅客将表扬信交到了这位乘务员手中，这封表扬信就是对乘务员服务的最大肯定。

　　案例中的乘务员作为民航服务人员，表现很好。讨论一下，优质的服务表现在哪些方面？

_____

_____

_____

知识点　领悟服务礼仪的真谛

1．服务礼仪的概念

　　服务礼仪是服务行业人员必备的素质和基本条件。出于对客人的尊重与友好，在服务中要注重仪表、仪容、仪态和语言、行为的规范；热情服务则要求服务人员发自内心地向客人提供主动、周到的服务，从而表现出服务人员良好的风度与素养。

2．服务礼仪的原则

　　（1）尊重的原则。所谓尊重的原则，就是要求服务人员在服务过程中将对客人的重视、恭敬、友好放在第一位，这是服务礼仪的重点与核心。因此在服务过程中，首要的原则就是敬人之心常存。在服务过程中，只要不失敬人之意，哪怕具体做法一时失当，也容易获得服务对象的谅解。

　　（2）真诚的原则。服务礼仪所讲的真诚原则，就是要求在服务过程中，必须待人以诚，只有如此，才能表达对客人的尊敬与友好，才会更好地被对方所理解和接受。与此相反，倘若仅把礼仪作为一种道具和伪装，在具体操作礼仪规范时口是心非，言行不一，则会有悖礼仪的基本宗旨。

　　（3）宽容的原则。宽容的原则要求服务人员在服务过程中，既要严于律己，更要宽以待人。要多体谅他人、理解他人，学会与服务对象进行心理换位，而千万不要求全责备，咄咄逼人。这实际上也是尊重对方的一个主要表现。

　　（4）从俗的原则。由于国情、民族、文化背景的不同，在人际交往中存在着"十里不同风，百里不同俗"的局面。这就要求服务人员在服务工作中，对本国或各国的礼仪文化、礼仪风俗及宗教禁忌有全面、准确的了解，才能够在服务过程中得心应手，避免出现差错。

（5）适度的原则。适度的原则要求应用礼仪时，为了保证取得成效，必须注意技巧，合乎规范，特别要注意把握分寸、大方得体。做得过了头，或者做得不到位，都不能正确地表达自己的自律、敬人之意。

知识拓展一　民航服务人员礼仪规范

1. 客舱服务岗位

（1）全心全意为旅客着想。注意揣摩旅客的心理，在旅客提出要求之前服务到位。只有这种能提供亲切的、体贴入微的服务的人，才能称为是处处为旅客着想的民航服务人员。有时候无法满足旅客的愿望，这时仅仅说句"不"就显得过于冷淡，没有礼貌。在回答"不"字之前，应首先考虑怎样才能尽可能地满足旅客的要求，如图1-1和图1-2所示。

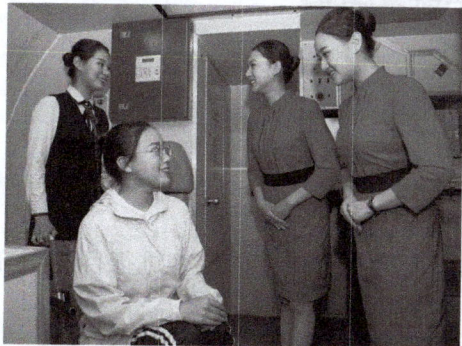

图1-1　客舱服务岗位1

图1-2　客舱服务岗位2

（2）微笑服务。谁都愿意与积极向上、性格开朗、笑口常开的人交往，因为笑容能使人心情愉悦。所以，民航服务人员要切实履行微笑服务，增强服务意识，改善服务态度。

（3）丰富多样的业务知识与技能。民航服务人员平时要多注意学习专业知识与技能，从而加强业务水平，提高业务能力。只有这样，才能准确把握旅客的意图，解决旅客的困难，以积极的态度迅速正确地处理问题。

（4）见识广博。作为一名民航服务人员，还应成为一个见识广博的人。最好的方法是广泛阅读书籍，培养自己对身边事物的兴趣，不仅要对自己感兴趣的事物产生兴趣，还要对不感兴趣的事物产生兴趣。要养成看书、看报、看时事新闻的习惯，弥补因长期空中飞行而导致信息获取量的不足。

2. 值机岗位

（1）旅客至柜台前时，要面带微笑并与旅客进行目光交流。

（2）主动问候旅客"您好"。

（3）双手接过旅客的证件和机票后坐下为旅客办理值机手续。

（4）检查旅客的证件和机票，询问旅客是否有行李需要托运，贵宾值机柜台还要询问旅客座位需求。

（5）在航班条件允许的情况下，满足旅客提出的座位安排要求。

（6）值机员为旅客办理托运手续时应主动询问旅客行李中是否夹带有易碎品、贵重物品等，并按业务规定办理有关手续。

（7）耐心、礼貌地请旅客等托运行李通过安检X光机检查后再离开，并做好解释工作。

（8）办理值机手续后，双手递交登机牌、机票、行李票。

（9）面带微笑，提示旅客登机口的位置并说"再见"（见图1-3）。

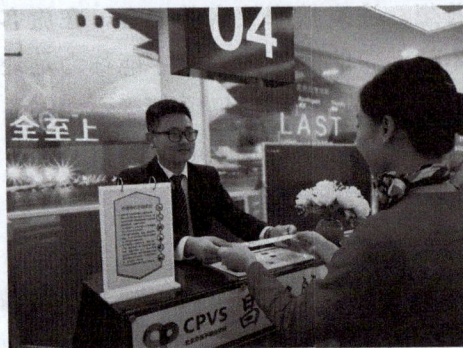

图1-3 值机岗位

3. 问询岗位

（1）旅客距离问询柜台1~2m时，工作人员要起身微笑迎接并与旅客进行目光交流，主动问候"您好"。

（2）除旅客咨询的问题需要查询计算机以外，其他问题应站立回答。

（3）查询航班信息时对旅客说"请您稍等"。

（4）主动、热情地与旅客交流，表情自然，面带微笑。

（5）在回答问题时，目光应平视旅客，不可一边接电话，一边回答。

（6）应用标准手势指引旅客，而不能用笔或单个手指。

（7）道别时应说"再见"。

4. 售票岗位

（1）旅客到柜台时应主动问候"您好"。

（2）与旅客沟通时要有目光交流，进行微笑服务。

（3）认真倾听旅客的要求，使用"请稍等""请您出示证件或机票"等礼貌用语。

（4）双手接过证件或机票后办理业务。

（5）不能及时办理业务时向旅客表示歉意，如"对不起，请您稍等"，必要时做好解释工作。

（6）为旅客指引方向时使用标准手势，不能用笔或单个手指。

（7）手续办理完毕后将相关物品双手递还旅客。

（8）旅客离开时主动说"再见"。

5．安检岗位

（1）耐心引导旅客逐个通过安检门。

（2）对通过安检门时报警的旅客，应引导其再次过门进行检查，或手持金属探测仪、手工进行人身检查，注意言语的礼貌性，不可面露不耐烦的表情，如图1-4所示。

（3）手工进行人身检查时应注意由同性别安检人员进行。

图1-4 安检岗位

6．引导岗位

（1）站立服务，面带微笑。

（2）旅客到休息室前2m，主动问候"您好，欢迎您"。

（3）双手接过旅客的休息卡，说"里边请"。

（4）引导旅客到休息室内："里面的小吃和饮料都是自助的，您慢用。"

（5）登机时，引导员必须向安检员、登机口说明登机人数，并在每个转弯处做"请"的手势引导。引导员应协助旅客提拿行李，并注意确保没有其他旅客夹在队伍当中。

（6）在撕登机牌附联时，做到双手接送，并对每一位旅客说"谢谢"。服务人员核对人数与牌数后最后上车，并站立于车门边（不允许坐在旅客座位上）。

（7）核对航班号，询问机上情况，确认可以登机后，通知旅客："请拿齐行李，现在可以登机了。"

（8）引导员目送所有旅客进入机舱并确认无旅客遗留物品后回到休息室。

知识拓展二　酒店服务人员礼仪规范

1．前台接待岗位

（1）礼貌接打电话。在电话旁准备好纸和笔，方便记录电话内容；在电话铃响三声之内接听，如果有事情耽误了接听电话的时间，在接到客人电话时应先表达歉意；电话接听完毕前，应复诵一遍来电要点，防止因记录错误或者偏差而带来误会；最后要礼貌道谢，结束通话。

（2）微笑接待、送别客人。客人进门时应起身站立，面带微笑，身体稍微前倾，点头示意，主动问候"您好"；为客人办理相关手续时应熟练、专业、迅速，双手接送证件，并说"请稍等"；客人离开时应起身送别客人，送客要热情、礼貌、亲切、自然，并使用"请慢走""再见"等敬语。

2．餐厅服务岗位

（1）仪表规范。工作时间应着规定的制服，衣服要保持整洁。

（2）仪容整洁。男士不留胡须、长发，不染发，发尾不超过耳根，保持面部清洁和饱满的精神状态；女士需盘发，化淡妆，不佩戴首饰，不留长指甲，不涂指甲油。

（3）举止规范。服务人员在接待中要热情适度、耐心周到，对宾客的态度反应敏感，虚心听取客人意见；遇事冷静、沉着、大方；自控能力强，保持良好的心态和精神状态。

知识拓展三　旅行社服务人员礼仪规范

1．门店接待岗位

（1）热情迎接。当客人到访旅行社门店时，门店接待人员应起身招呼、亲切问好，用微笑和眼神表达对客人的关注和欢迎。当客人进门时应热情问候，并自报家门："您好，欢迎光临××旅行社！"

（2）贴心招待。请客人落座后，为客人提供茶水等服务，夏季可以提供冰水，冬季提供热茶。还可提供水果、糖果等，让客人感受到贴心、周到的服务。

（3）询问需求。客人落座后，递上名片，询问客人的旅游需求。对于出游目标明确的，出示相关旅游产品即可；对于出游目标不明确的，要询问客人的出游意向，如目的地、时间、出游人数、交通工具等。

（4）礼貌告别。客人咨询结束离开时，要等客人起身后再站起来相送，同时使用礼貌用语"您慢走，如有需要可随时拨打我们的电话""预祝您旅途愉快"等。与客人告别时，要将客人送至门口，目送客人离开，待客人走出视线时返回店内。

2．外联岗位

（1）遵守时间。拜访客户时，要按照事先约定的时间提前10分钟到达，切忌迟到。

（2）举止得体。在拜访客户的过程中，要随时注意自己的举止，保持亲切的微笑，举止大方、得体，这可以让客户保持愉快的心情；见到客户时可以握手或鞠躬，向客户问好；落座后，坐姿要端正，避免过于随意；如客户端出茶水进行招待，要注意礼节，及时致谢。

（3）合适称呼。与客户见面时，要营造轻松和谐的开场氛围，亲切地问候客户。拜访时，如果不知道客户的姓名或职务，应在与客户见面前到服务台作自我介绍并说明来意，礼貌地咨询该客户的姓名及职务；如果约定在其他场合见面，则应事先通过其他渠道了解情况。见面时，待确定对方身份后主动与其打招呼，并使用尊称；若是拜访熟人，见面时也应面带微笑并热情地称呼对方。

（4）整洁着装。拜访客户前要做好个人仪容仪表的准备工作，做到仪容端庄、仪表整洁、着装得体。优雅的仪容仪表能让客户的心情放松，并给客户留下良好的印象。

3. 导游岗位

（1）保持良好的个人形象。导游的形象代表着旅行社的企业形象，因此在接团前，要做好仪容仪表方面的准备。着装要整齐、简洁、大方，符合导游人员的身份，方便导游服务工作；佩戴首饰要适度，不浓妆艳抹（见图1-5）。

图1-5 导游岗位

（2）用语文明、讲解规范。导游向客人致欢迎词时应亲切、热情，在服务过程中应做到专业、大方，用语文明、简洁、通俗易懂，使用合适的语速、语调，语言流畅，讲解清晰，措辞恰当。导游欢迎词应该包含以下几方面的内容。

1）欢迎语：代表旅行社、本人和司机欢迎游客的光临。

2）介绍语：介绍自己、司机和旅行社。

3）态度语：表明自己的态度，表示提供服务的真挚愿望。

4）希望语：希望客人给予配合，欢迎提出意见和建议。

5）祝愿语：对客人表示良好的祝愿。

（3）服务主动、热情。安排旅游行程、生活起居要满足客人需求，主动关心老人、儿童；服务热情、周到，守时守信；尊重客人的信仰、习俗、禁忌，善于与客人沟通，积极听取意见和建议。

测一测

1．服务礼仪的原则有：_____、_____、_____、_____、_____。

2．简述服务人员礼仪规范。

3．案例分析

春节前，程先生到旅行社咨询，希望接待员小李帮他安排春节出游计划。程先生要求此次出行能住宿于海岛上，适合带着孩子，轻松舒适且费用不要太高。从出行目的来看，小李首先向程先生推荐了新加坡的圣淘沙岛，既可以在海边休闲度假，也有圣淘沙儿童乐园供孩子游玩。但是岛上的酒店已预定满，要到春节假期结束后才能入住，因此程先生表示这个目的地不合适。之后小李向程先生推荐了越南芽庄的珍珠岛，目的地及海岛住宿符合程先生的要求，但是出游费用又使程先生不太满意，经过小李与程先生的耐心沟通，了解到程先生对此次出行的大概预算为每人不超过7000元，因此最终推荐了香港迪士尼乐园，并详细介绍了香港线路的优势和亮点。程先生对此比较满意，在旅行社报名并签订了合同。

请结合案例说一说你对服务礼仪的理解。

学习实践

某企业一众人员正在酒店包厢内宴请投资商吴先生，宾主频频碰杯。服务员小李进门上菜时，不小心将吴先生的筷子拂落在地。"对不起！"小李忙道歉，随手从邻桌拿过一双筷子，褪去纸包，搁在吴先生的面前。吴先生非常生气，脸色很难看，默默地注视着服务员的一连串动作，刚举起的酒杯一直停在胸前，众人看到这里纷纷帮腔，指责服务员小李。小李不知所措。吴先生不悦地说："你怎么这么不当心，你知道这筷子落地意味着什么吗？'落地'即'落第'，名落孙山，预示着这次投资不顺利啊。"小李一听更慌了："对不起，对不起！"手足无措中，又将桌上的小瓷碗打碎。小李尴尬万分，虚汗浸背，不知如何是好……

如果你是酒店的领班，你会怎样解决这件事？各小组进行讨论，并进行角色扮演。

成果评价

结合服务礼仪规范，对小组展示进行评价，并在相应的等级中画"√"。

表1-2 小组展示评价表

评价内容	😄		😐		🙁	
	学生评	教师评	学生评	教师评	学生评	教师评
服务礼仪规范						
沟通技巧						

学习目标

- 掌握仪容仪表的礼仪规范。
- 掌握化妆及着装的方法。
- 通过正确的化妆、着装，展现良好的职业形象，充分体现对他人的尊重和自我尊重。

任务一　打造洁雅的仪容

案例导入

　　王芳，某校文秘专业学生，毕业后就职于一家公司做文员。为适应工作需要，上班时，她毅然放弃了"少女妆"，化起了整洁、漂亮、端庄的"白领妆"：不脱色粉底液，修饰自然、稍带棱角的眉毛，与服装色系搭配的眼影，紧贴上睫毛根部描画的灰棕色眼线，黑色自然型睫毛，再加上自然的唇色，虽化了妆，却好似没有化妆。整个妆容清爽自然，尽显自信、成熟、干练的气质。心情好，自然工作效率就高。工作一年以来，王芳以自己得体的外在形象、勤奋的工作态度，赢得了公司同仁的好评。

　　请简述本案例给你的启示。

_____

_____

_____

知识点一　树立仪容美的意识

　　中国有"文质彬彬，而后君子"的古训，仪容仪表是个人涵养的外在表现。仪容主要指人的容貌，仪表指人的外表，包括身材、姿态、风度、个人卫生、修饰、服饰等。有的是先天因素，有的是后天因素。仪表是形象魅力的外部特征，仪容仪表是一个人精神面貌的外在体现，是道德修养、文化水平、审美情趣、文明程度的展现，是尊重对方、讲究礼貌、互相理解的具体体现。

一、仪容美的含义

修饰仪容的基本要求是美观、整洁、卫生、得体。要做到仪容美，要注意仪容的自然美、仪容的修饰美与仪容的内在美。

1. 仪容的自然美

它是指仪容的先天条件，即先天容貌。每个人的面容都具有独特性，容貌没有好与坏之分，仪容美也并不全指天生丽质，符合礼仪规范的仪容就是美的仪容。

2. 仪容的修饰美

它是指依照规范与个人条件，对仪容进行必要的修饰，扬长避短，设计、塑造出美好的个人形象，在人际交往中尽量令自己显得有备而来，自尊自爱。

3. 仪容的内在美

它是指通过努力学习，不断提高个人的文化、艺术素养和思想、道德水准，培养出自己高雅的气质与美好的心灵，使自己表里如一，内外兼具。

真正意义上的仪容美，应当是上述三个方面的高度统一。在这三者之间，仪容的内在美是最高的境界，仪容的自然美是人们的心愿，而仪容的修饰美则是仪容礼仪关注的重点。

二、仪容美的基本要素

仪容美的基本要素是貌美、发美、肌肤美。美好的仪容一定能让人感觉到其五官构成彼此和谐并富于表情；发质发型使其英俊潇洒、容光焕发；肌肤健美使其充满生命的活力，给人以健康自然、鲜明和谐、富有个性的深刻印象。但每个人的仪容是天生的，长相如何不是至关重要的，关键是心灵的问题。从心理学上讲，每一个人都应该接纳自己，接纳别人。

1. 貌美——脸部的妆饰

容貌是人的仪容之首，美容化妆可以起到美化自身形象的作用。

（1）面部。

1）男士应该每天修面剃须，不留小胡子、大鬓角，做到整洁大方。

2）女士脸颊部位的化妆简单得体，产生健康、端庄、楚楚动人的效果。

（2）眼睛。眼睛是心灵的窗口，只有与脸型和五官比例匀称、协调一致时，才能产生美感。

（3）嘴唇。嘴唇是人五官中敏感而显眼的部位，是人身上最富有表情的器官。嘴唇的化妆主要是涂唇膏（口红），以起到提亮气色的作用。但是要注意唇膏颜色的选择，工作场合不适合用深褐色、银色等异色。同时，要注意口腔卫生，消除口臭，口齿洁净，养成餐后漱口的习惯。

（4）耳朵。

1）耳部要保持清洁，及时清除耳垢和修剪耳毛。

2）耳朵里沟回很多，容易藏污纳垢，应注意仔细清洁。

3）清除耳垢时，不要当众进行，不要伤及耳膜。若有耳毛生长到耳朵外面，要及时修剪。

2. 发美——头发的妆饰

头发整洁、长短适度、发型大方是个人礼仪对发式美的基本要求。作为职场人员，乌黑亮丽的秀发、端庄文雅的发型，能给他人留下美好的感觉，并反映出员工的精神风貌和健康状况。

（1）干净整洁。

1）清洗头发。头发保持清洁、整齐，无头屑。要对头发定期清洗，一般认为，每周至少应当对自己的头发清洗两三次。同时，要定期修剪头发。

2）梳理头发。梳理头发是每天必做之事，而且往往应当不止一次。凡有必要的时候都要进行梳理。

（2）长短适度。

1）男士：前发不覆额，侧发不掩耳，后发不及领。

2）女士：长发不过肩。

（3）发型得体。发型是构成仪容美的重要内容。美观的发型能给人一种整洁、庄重、洒脱、文雅、活泼的感觉。根据不同人的发质、服装、身材、脸形等选择合适的发型，就可以扬长避短，和谐统一，增加人体的整体美。

3. 肌肤美——整体的妆饰

（1）干净整洁。要勤洗澡、勤洗脸，脖颈、手都应干干净净，并经常注意去除眼角、口角及鼻孔的分泌物。

（2）护肤得法。护肤是仪容美的关键。皮肤尤其是面部皮肤的经常护理和保养，是展现肌肤美的首要前提。

知识拓展　职场人员上岗要求

1. 手和指甲

双手和指甲的基本要求是保持清洁、卫生，要经常修剪指甲，保持指甲的清洁和美观，不得留长指甲，防止过长而藏垢或断裂。女士指甲油的颜色要与妆容、制服颜色协调，不得涂色彩鲜艳的指甲油（透明或与肤色相近的肉色除外）。要经常洗手，洗手后用护手霜，保护双手皮肤的润滑和美观。

2. 胡须

男士每日上岗前应保持面部清洁并剃须，不得留任何形式的胡须。

3．发型

（1）长短适当。男士前发不覆额，侧发不掩耳，后发不触衣领；女士前发不遮眉和面部，后发不超过肩部，在庄重严肃的场合应将头发盘于头顶，严禁披肩散发。

（2）梳理整齐。任何发型都应梳理整齐，使用发胶等定型，不得有蓬乱的感觉。

（3）发型风格。女士头发可卷可直，但发型不宜奇特。长发盘起的高度应适中，不可过高，也不可过低；刘海可卷可直，以保持在眉毛上方为宜。

（4）发色、发饰。发色以黑色为宜，不得染奇异发色；发饰简洁、大方，可使用无饰物的黑色发卡固定头发。

4．化妆

女士应化淡妆上岗。职场人员化妆的基本要求是庄重、自然、健康、清洁。化妆应追求自然淡雅的效果，妆色要端庄、明朗。浓重的眼影和眼线、刺鼻的香水，都是与工作场合不相符的。

测一测

1．修饰仪容的基本要求是＿＿＿＿＿＿。要做到仪容美，要注意仪容的＿＿＿＿＿＿、仪容的＿＿＿＿＿＿与仪容的＿＿＿＿＿＿。

2．＿＿＿＿＿＿、＿＿＿＿＿＿、＿＿＿＿＿＿是个人礼仪对发式美的基本要求。

知识点二　展现职业化的妆容

爱美之心人皆有之，每个人都想把自己打扮得得体，这就要靠化妆来实现。化妆是生活中的一门艺术，适度而得体的妆容，可以体现女性端庄、美丽、温柔、大方的独特气质，因此，女性在政务、商务和社交生活中，应通过化妆品及艺术描绘手法来装扮自己，以达到振奋精神和尊重他人的目的。

在学习化妆之前，应当了解自己的脸形，才能为自己设计出既有个性又能符合职业形象的妆容。

一、脸形

1．衡量脸形的标准

在美学上，评测一个人的脸形是否完美通常以"三庭五眼"作为评测标准。

"三庭"指脸的长度比例，把脸的长度分为三等份，从前额发际线至眉骨，从眉骨至鼻底，从鼻底至下颌，各占脸长的1/3。

"五眼"指脸的宽度比例，以眼形长度为单位，把脸的宽度分成五等份，从左侧发际至右侧发际，为五只眼形长度。两只眼睛之间有一只眼睛的间距，两眼外侧至发际各为一只眼睛的间距，各占1/5。

在化妆的时候宜把自己的脸形修饰成标准的脸形。

2．脸形类别

脸形大体可分为甲字形脸、由字形脸、申字形脸、国字形脸、目字形脸、圆形脸。

（1）甲字形脸（也称为倒三角形脸）

特征：额头较宽，下半部比较纤细，如图2-1所示。

印象：纯洁、清朗，少女形象突出；明快、活泼，有纤弱感。

（2）由字形脸（也称为正三角形脸）

特征：脸形比较宽，两腮较肥大，额部较窄，如图2-2所示。

印象：给人的印象是性格温和，平易近人。

图2-1　甲字形脸　　　　图2-2　由字形脸

（3）申字形脸（也称为菱形脸）

特征：脸部瘦削，额头较窄，下颚尖伸，如图2-3所示。

印象：结构清晰，印象强烈，具有丰富的立体感，给人冷静、理智的感觉。

（4）国字形脸（也称为方形脸）

特征：脸的宽度接近脸的长度，轮廓清晰、硬朗，如图2-4所示。

印象：健康、积极，有坚强的意志感和稳定感。

图2-3　申字形脸　　　　图2-4　国字形脸

（5）目字形脸（也称长方形脸）

特征：面形狭长，棱角分明，如图2-5所示。

印象：有沉着、冷静、成熟的感觉。

（6）圆形脸

特征：脸短，面颊浑圆，有曲线感，如图2-6所示。

印象：给人可爱、活泼、健康、易于相处之感。

图2-5　目字形脸　　　　　　　图2-6　圆形脸

　　脸形的分类不是绝对的，这里介绍的各种脸形只能说是近似的，化妆时可根据原型采取折中的处理方法，发挥其长处，掩盖其缺点，取得比较满意的效果。

二、化妆的程序

1. 洁面

　　将洗面奶放置于手心，搓出泡沫，以打圈手法由下向上、由内向外地轻揉，然后用温水冲洗干净面部。

2. 化妆水

　　根据不同的皮肤、不同的季节选用适合皮肤的化妆水。使用时，用手或化妆棉蘸取化妆水由下向上、由内向外轻轻拍于面部。

3. 面霜

　　选择适合皮肤的乳液、润肤霜，采用五点法将其点在额部、双颊、鼻部、下巴处（或用双手揉开），由下向上、由内向外在全脸涂匀。

4. 底妆

　　选择接近肤色的粉底为基础底色，用化妆海绵蘸取少量粉底由内向外，全脸均匀地按压，切忌来回涂抹。如果不均匀或有瑕疵，可用遮瑕膏遮盖。涂抹时宜薄不宜厚，边缘过渡自然，如图2-7所示。

　　定妆粉的种类有透明散粉、肤色散粉、深色散粉，一般选择适合肤色的散粉。将粉扑均匀蘸取散粉，粉量以粉扑向下，粉不落地为宜；用粉扑将粉揉开，轻轻按压全脸（如图2-8所示）；然后用大粉刷刷去多余散粉，如图2-9所示。

5. 眼影

　　用眼影刷蘸适量眼影粉，找到眼部结构位置，并将眼部结构表现出来。方法是由外眼角向内眼角均匀地晕染，睫毛根部向上颜色由深到浅，自然过渡。注意用粉扑隔离妆面。

眼影色可与肤色、服饰色协调搭配，如图2-10所示。

6. 眼线

可用眼线笔、眼线液、水溶性眼线粉，如用眼线刷蘸水溶性眼线粉画眼线。画上眼线时紧贴睫毛根部，下眼线画在下睫毛根部内侧，眼线根据眼形进行描绘。然后，用深色眼影粉在眼线外侧作晕染，使睫毛产生浓密的朦胧感，如图2-11所示。

图2-7　涂抹粉底

图2-8　定妆1

图2-9　定妆2

图2-10　涂抹眼影

图2-11　画眼线

7. 睫毛

先用睫毛夹将睫毛夹翘，再涂上睫毛膏，如图2-12所示。涂睫毛膏时眼睛向下看，反复涂几次，最后用睫毛梳将睫毛梳齐，将多余的睫毛膏清除掉，如图2-13所示。

图2-12　夹睫毛

图2-13　涂睫毛膏

8．眉毛

在画眉之前，应根据脸型对眉毛进行修整，如图2-14所示。眉毛修整成型后，开始画眉。先从眉腰开始入手，顺着眉毛的生长方向，描画至眉峰处，形成上扬的弧线；然后从眉峰处开始，顺着眉毛的生长方向，斜向下画至眉梢，形成下降的弧线；最后由眉腰向眉头处进行描画，如图2-15所示。眉毛画完后用眉刷刷眉，使其柔和流畅。

图2-14　修眉

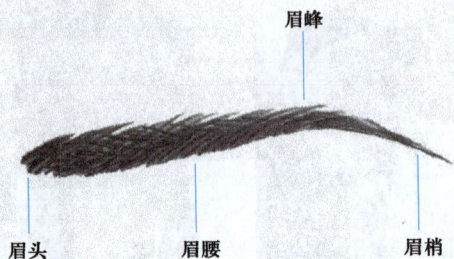

图2-15　眉毛结构图

在画眉时，握笔要做到"紧拿轻画"。眉毛是一根根生长的，因此眉毛要一根根进行描画，从而体现眉毛的空隙感。描画眉毛时，注意眉毛深浅变化规律，体现眉毛的质感，眉色略浅于发色，如图2-16所示。

9．口红

用唇线笔画出嘴唇的轮廓，然后将口红均匀地涂在轮廓内，如图2-17所示。涂口红的方向与勾画唇线的方向一致。若要表现嘴唇的立体感，可在下唇中央用亮色口红或唇彩进行提亮，如图2-18所示。

图2-16　画眉

唇线的颜色要与口红的色调一致，并略深于口红颜色；口红的颜色与妆色、服饰要协调；唇线的线条要流畅，左右对称；口红色要饱满，充分体现唇部的立体感。

图2-17　涂抹口红

图2-18　涂抹唇彩

10．颊红

标准脸形颊红的位置在颧骨上，微笑时面颊能隆起的部位。一般情况下，颊红向上不可超过外眼角的水平线，向内不能超过眼睛的1/2垂直线。在化妆时要因人而异。

　　取适量颊红从颧弓下陷处开始，由鬓部发际线向内轮廓进行晕染。颊红的晕染要体现面部的结构及立体效果。在外轮廓颧弓下陷处用色最重，到内轮廓逐渐减弱并消失。蘸取及晕染颊红时，应用刷子的侧面进行晕染。颊红晕染要自然柔和，面颊红与肤色之间衔接自然，如图2-19所示。

微课01　职业妆礼仪

图2-19　涂抹颊红

知识拓展　眉形修饰

　　眉形必须以脸形为基础，因为不同的眉形会使人的面颊产生不同的感觉，所以不同的脸形需有不同的眉形搭配。

1. 甲字形脸

　　甲字形脸适合描画较为柔和、稍粗的平眉，这样可以使额头显得窄一些，以缩短脸的长度。眉形要有一些曲线感，可略细一些，不要太粗厚，眉间距不宜太宽。在1/2处起眉峰，细一些，眉形不宜太长，眉峰要圆润。

2. 由字形脸

　　由字形脸适合长形眉，不适合描画有角度的眉形。眉形要大方，不合适的眉形会使下半部分脸显得更加宽大。眉毛不宜太粗，眉间距不要太窄。在眉毛2/3处起眉峰，眉头略粗。

3. 申字形脸

　　申字形脸适合长眉形，眉形应该显得轻松自然。在眉毛1/2略外一点处起眉峰，眉峰的角度要圆润、柔和。

4. 国字形脸

　　国字形脸适合短眉形，可以是略微上扬的，不可以太细太短，眉间距不要过窄。在眉毛1/2处起眉峰，眉峰圆润、眉头略粗即可。

5. 目字形脸

　　目字形脸适合长眉形。如果画上扬眉会显得脸更长，描平眉会使脸形显得短一些。眉形可以是粗粗的、方方的卧蚕眉，这样会使眉毛显得有分量。在眉毛2/3处起眉峰，眉峰应平一些，眉间距可略宽。

6. 圆形脸

圆形脸适合长扬的眉形，使脸部相应的拉长。眉毛可以描画出眉峰来，眉峰如果在眉中的话，会使眉形显得太圆，所以眉峰的位置可以是靠外侧1/3处。眉峰形状不要太锐利，这样和脸形差异太大，画出的眉形略微有上扬感即可。眉间距可以近一些，眉形不宜过长。

知识拓展二　眼形修饰

眼睛被视为心灵的窗户，会用无声的语言传递内心的情感。针对眼形的修饰，可利用色彩的明暗变化和线条的准确运用来体现，即采用综合性的修饰方法。

1. 上斜眼

外观特征：上斜眼又称吊眼，内眼角低、外眼角高。

（1）眼影：在内眼角的上端使用暖色，如橙色、粉色等，晕染面积应纵向提升，产生扩张感，适当提升内眼角的高度；外眼角上方可用冷色，如绿色、紫色等，晕染面积不宜扩大，以产生收缩、降低感；外眼角下方的照影色可适当向外晕染。

（2）睫毛线：外眼角处落笔要低，甚至可齐睫毛根描画，至内眼角处可适当加宽，最好避免使用纯黑色眼线笔。若选用深色，要采取下深上浅的画法。下睫毛线由外眼角处靠外的部位起笔横向进行描画，上方的颜色略深于下方。

2. 下斜眼

外观特征：眼睛的内眼角高、外眼角低。

（1）眼影：着重外眼角上方的晕染，颜色可选用玫红色、橙色等暖色，晕染方向应向上。内眼角上方的眼影晕染面积不宜过大，可选用棕色、蓝色等冷色；下眼影则不宜强调外眼角，可在内眼角下部略加棕色。

（2）睫毛线：描画上方睫毛线时，应根据外眼角下斜的程度适当提升落笔位置，并在尾部加粗、上扬。向内延伸则不用一直画至内眼角，可在中间位置淡出。

3. 肥厚眼睑

外观特征：上眼睑处的脂肪肥厚，因此骨骼结构不明显，外观平坦或浮肿。

（1）眼影：应着重骨骼结构的体现，重点在上眼睑沟处用偏深的结构色表现，晕染面积不宜过大，越接近眉毛处颜色越浅；还应在鼻梁骨，眉弓骨、眶外缘处涂用亮色的眼影粉使其突出。另外一种方法是，运用水平晕染，睫毛根处颜色最深，向上渐淡，此法也可以起到修饰的作用，较易掌握。眼影色可选择棕、褐等颜色。

（2）睫毛线：描画时，上睫毛线略宽，中间尽量平直，尾部可略上扬；下睫毛线尾部要进行着重描画，但不宜过粗，画至眼中部可自然淡出。

4. 小眼睛

外观特征：眼裂过小，给人感觉温和，但眼睛缺乏神采，不易给人留下印象。

（1）眼影：眼影的描画以棕色、灰色等颜色为宜，上眼睑睫毛根部颜色较深，越往上晕染颜色越浅；眶上缘处可施用亮色眼影粉，来达到突出眼睛的立体效果。

（2）睫毛线：上睫毛线应由内眼角至外眼角处由细渐粗，尾部可适当加长；下睫毛线由外眼角至内眼角逐渐变细，但上下睫毛线不闭合。

5．细长眼

外观特征：眼裂窄小、宽度过长。

（1）眼影：在上眼睑中间部位做相对集中的晕染，宜选用暖色，如橙色、粉红色等；靠近内眼角及外眼角处做淡化处理，并在上缘施用亮色眼影粉，增加眼部的立体感。

（2）睫毛线：上下眼睑的中部可略粗，两头略细，但不可延长，且要过渡自然。

6．单眼睑

外观特征：第一种是上眼睑处有肿胀现象；第二种是眼睑处脂肪较少，能呈现清晰的眼窝。

（1）眼影

第一种类型：在上眼睑睫毛根处，运用较深的冷色，如咖啡色，做向上晕染，根部晕色较深，边缘过渡柔和；施用亮色眼影粉于眶外缘处，强调眼部的立体感；下眼睑处的眼影和上眼睑相呼应，也可略向下晕染，使眼睛显得大而有神。

第二种类型：可根据眼睛结构，在距上睫毛线约5mm处施用咖啡色，并逐渐向上晕开呈弧形，后在其下部与睫毛根之间施用亮色眼影粉，造成"假双"的修饰效果。下眼睑处的眼影由睫毛根处略向外晕染，与上方进行呼应。此画法有一定难度，关键要感觉真实、自然。

（2）睫毛线

第一种类型：睫毛线可修饰成上下同样粗的效果，上睫毛线尾部可略向外扬。

第二种类型：上睫毛线在睫毛根处深，边缘柔和，由内眼角向外眼角描画，尾部略上扬；下睫毛线主要表现在外眼角的睫毛根处并向内眼角处淡化，可使眼睛显得自然真实而不呆板。

7．圆眼睛

外观特征：眼睛的宽度过小，内眼角与外眼角的距离较近。

（1）眼影：做横向晕染，内眼角处可向鼻根处晕染，外眼角则向外上方晕染，眼部中间的眼影晕染不宜过高，在距上缘处施用亮色眼影粉。

（2）睫毛线：上睫毛线的描画应从内眼角到外眼角处由细渐粗，尾部可略上扬，但其中部应尽量平直；下睫毛线应描画得平直，尾部可略向外加长。

8．两眼间距过窄

外观特征：两眼间距过窄，一般小于一只眼睛的宽度。

（1）眼影：眼影的重点要放在外眼角处，晕染面积可向外延伸。

（2）睫毛线：上眼睑处的睫毛线在尾部可向外拉长，不必描画一整条睫毛线，但应根据实际情况做出适当的调整。

9．两眼间距过宽

外观特征：两眼间距过宽，一般大于一只眼睛的宽度。

（1）眼影：注重内眼角的描画，但不宜选用过浅或过暖的颜色，否则会有膨胀感。

（2）睫毛线：在描画睫毛线时，上眼睑的睫毛线在内眼角处可向前探入大约2～3mm，且前半部睫毛线略粗重，至外眼角时渐细，但不可拉长。

技能训练

训练一：脸部的修饰练习。

训练二：发型的整理练习。

训练三：眉形、眼形的修饰练习。

训练四：整体妆容练习。

测一测

1．在美学上，评测一个人的脸形是否完美通常以_____作为评测标准。

2．脸形大体可分为_____、_____、_____、_____、_____、_____。

3．简述化妆的程序。

学习实践

结合本任务所学知识，全班分组进行职业妆容练习，并进行成果展示及经验分享。

成果评价

结合本任务学习内容，填写表2-1，对化妆技能进行评价，并在相应的等级中画"√"。

表2-1　化妆技能评价表

评价内容	😄		😐		🙁	
	学生评	教师评	学生评	教师评	学生评	教师评
底妆						
眼影						
眼线						
睫毛						

（续）

评价内容	☺		☺		☹	
	学生评	教师评	学生评	教师评	学生评	教师评
眉毛						
颊红						
口红						
整体妆面						

任务二　展示服饰的魅力

案例导入

　　李娜刚进杂志社工作不久，领导安排她去采访一位民营企业的老总，女性。听说这是一个既能干又极具魅力的女性，对工作一丝不苟，热爱生活。最关键的是，即使再忙，她也不会忽视身边美好的事物，尤其对时尚非常敏感，对自己的衣着要求极高。还未见到她，李娜已经开始崇拜她了，所以李娜非常高兴能由她来做这个专访。

　　于是，李娜做了大量的准备工作，采访纲要也修改了多次。到了采访当天，穿什么衣服却让李娜犯了愁，要面对这样一位重量级的人物，尤其是位时尚女性，当然不能太落伍。但李娜从来就不是个会打扮的女孩，因为工作和性格关系，平时着装比较随意，看时尚杂志也只是凑热闹而已。现在，还真不知道应该穿什么衣服才能让她在这样一位女性面前显得更时尚些。终于，她在杂志上看到女孩穿吊带装，那清纯可人的形象打动了李娜，她迫不及待地开始模仿起来。于是，李娜穿着吊带上衣和短裙，盘了个极其流行的发髻，兴冲冲地直奔采访目的地。

　　当李娜站在该公司前台说明自己的身份和来意时，她明显看到了前台工作人员不屑的眼神。李娜再三说明身份，并拿出工作证来，工作人员才勉强地带她进了老总的办公室。眼前的这位女性，优雅的举止，得体的穿着，让李娜怎么看怎么舒服。虽然李娜不是很精通衣着，但在这样的场合，面对这样的采访对象，李娜突然感觉自己的穿着极其不和谐，来时的兴奋和自信全没了。还好，因为采访纲要准备比较充分，整个采访过程还比较顺利。结束前，李娜问她，日常生活中，她是如何理解和诠释时尚、品位和魅力的。她告诉李娜，女人的品位和魅力来自内心，没有内涵的女人，是散发不出个人魅力，也无法突显品位的；而时尚不等同于名牌、昂贵和时髦，而是一种适合与得体。说完这话，她微笑地看着李娜，而李娜羞愧地低下了头。采访一结束，她便逃离似地离开了办公室。

着装的原则有哪些？正式场合应该如何着装？请结合案例说一说。

_____

_____

_____

知识点一　选择得体的着装

名人名言

一个人的穿着打扮，就是他的教养、品位、地位的最真实写照。

——莎士比亚

仪表是一个人的精神面貌、内在气质的外在表现。在政务、商务、事务及社交场合，一个人的仪表不但可以体现出文化修养，也可以反映出审美趣味。穿着得体，不仅能赢得他人的信赖，给人留下良好的印象，而且还能够提高与人交往的能力。相反，穿着不当，举止不雅，往往会降低身份，损害形象。

一、着装的基本原则

着装的最基本原则是要保持服装的整洁，多么新款的时装若不够整洁，都将大大影响穿着者的整体形象，无论是上班的工装抑或普通便服，均以整齐清洁为基本原则。除了最基本的原则，着装还应遵循协调原则、TPO原则。

1. 协调原则

所谓着装的协调，即着装要与他的身份、体型、肤色吻合，表现出一种和谐，这种和谐能给人以美感。

（1）与身份的协调。与不同身份的人接触，有不同的穿着技巧，既要配合自己的身份，也要配合对方的身份，这样会有助于彼此的沟通。

1）与性格开朗的人交往宜穿颜色较鲜明的衣服。

2）与较保守严肃的人交往应穿颜色较低调、款式较保守的服装。

3）与公司职位较高的人会晤宜穿较老成的服装，表示成熟的个性。

（2）与体型的协调。衣不合体会给人留下不良的印象，每个人均要明了自己体型的优点和缺点。

1）体型高大者。上衣适当加长以缩小高度，切忌穿太短的上装。服装款式不能太复杂，适宜穿横条或格子上装。服装色彩宜选择深色、单色，太亮、太淡、太花的色彩有一种扩张感，会显得体型肥大。

2）体型矮小者。上衣不要太长、太宽，裤子不能太短，裤腿不要太大，裤子以盖住鞋面为宜。服装色彩宜淡雅、明快柔和，上下色彩一致可给人修长之感。服装款式宜简洁，忌穿横条纹的服装。V形无领外套比圆领更能营造修长之感。忌用太宽的腰带。

3）体型略胖者。不能穿太紧身的衣服，以宽松随意为宜。衣服领以低矮的V形领为最佳，裤或裙不宜穿在衣服外边，更不能用夸张的腰带，这样容易显出粗大的腰围。宜穿墨绿、深蓝、深黑等深色系列的服装，因为冷色和明度低的色彩有收缩感。线条宜简洁，最好是细长的直条纹衣服。忌穿横条纹、大格子或大花图案的服饰。

4）体型瘦小者。应尽量穿得丰满些，不要穿太紧身的服饰。宜穿红色、黄色、橙色等暖色调的衣服，服装色彩尽量明亮柔和，太深或太暗的色彩更显瘦弱。不宜穿深色或竖条图案的衣服，可选穿一些横条、方格、大花图案的服饰，以达到丰满的视觉效果。

（3）与肤色的协调。每个人的肤色都有一个基调，有的颜色与某些基调十分合衬，有的却会受影响，变得暗淡无光。要找出适合你的颜色，首先要知道你肤色的基调。基本上，肤色基调可大概分为四种。

1）白皙皮肤。大部分颜色都能令白皙的皮肤更亮丽动人，色系当中尤以黄色系与蓝色系最能突出洁白的皮肤，令整体显得明艳照人。色调如淡橙红、柠檬黄、苹果绿、紫红、天蓝等明亮色彩最适合不过。

2）深褐色皮肤。皮肤色调较深的人适合一些茶褐色系，墨绿、枣红、咖啡色、金黄色都会使其看来自然高雅，相反蓝色系与其格格不入。

3）淡黄或偏黄皮肤。皮肤偏黄的人宜穿蓝色调服装，例如紫、蓝等色彩，能令面容更白皙；但强烈的黄色系如褐色、橘红等最好能不穿就不穿，以免令面色显得更加暗黄无光彩。

4）小麦色皮肤。拥有这种肌肤色调的人给人健康活泼的感觉，适宜黑白强烈对比的搭配，深蓝、炭灰等沉实的色调，以及桃红、深红、翠绿这些鲜艳色彩最能突出开朗的个性。

2．TPO原则

TPO原则是世界上公认的穿衣原则。TPO分别代表英文Time、Place和Occasion。它的含义是：人们在选择服饰穿戴时要注意与特定的时间、地点、场合相和谐。

（1）时间原则。它是指在不同的时代、不同的季节、不同的时间应穿不同的服装。

1）注意服装的时代性。这个原则主要包括两个方面：一是顺应时代的发展，所选服装应该充分考虑到时代发展的潮流，不必紧跟潮流，但也不能太过滞后；二是要考虑与他人之间的时代认知差异，选择衣服时要在意他人的感受及着装习惯，如中老年人喜欢沉稳的着装、年轻人比较偏爱有活力的服装。

2）注意服装的季节性。在服装的款式和颜色选择上，还应注重季节性。春秋季节适合穿中浅色调服装，如棕色、浅灰色等；夏装可选择淡雅的丝棉织物，以凉爽、轻柔的服装为主；冬季的着装以保暖、得体为标准，颜色以黑色、藏青色、咖啡色等深色为主，可以避免臃肿及过于艳丽。

3）注意服装的时间性。服装一般有日装、晚装之分，日装要求轻便、舒适、得体，便于活动，切勿太过随意；而晚礼服则要求端庄、华贵、典雅。因此日装、晚装不能颠倒。

（2）地点原则。着装是否符合地点原则，直接影响着个人的整体形象，这是一个由衣着与地点的不和谐影响到人际关系不和谐的问题。在家里接待客人时，可以穿着舒适但整洁的休闲服；去公司或单位拜访时，应穿着职业套装，这样会显得庄重大方；外出时，要顾及当地的传统和风俗习惯，如去教堂或寺庙等场所，不能穿过于暴露或过短的服装。

（3）场合原则。场合原则是人们约定俗成的，一定的服饰所蕴含的信息内容必须与特定场合的气氛相吻合。否则，就会引起他人的疑惑和反感，影响人际交往。

1）公务场合。公务场合是指执行公务时涉及的场合，着装应庄重保守、端庄大方、严守传统，不能强调个性、过于时髦、显得随便，最好穿深色毛料的套装、套裙或制服，不允许穿夹克衫、牛仔装、运动装、健美裤、背心、短裤、旅游鞋和凉鞋，衣服应避免肮脏、折皱、残破、暴露、透视，也不宜过大、过小或紧身。

2）社交场合。社交场合主要指宴会、舞会、晚会、聚会等应酬交际场合，服装应突出时尚个性，可穿时装、礼服或民族服装，最好不要穿制服或便装。

3）休闲场合。休闲场合是除公务活动和社交场合之外的个人活动时间，穿着应舒适自然，着装应随意、轻便些，西装革履显得拘谨而不适宜。家庭生活中着休闲装、便装更益于与家人之间沟通感情，营造轻松、愉悦、温馨的氛围。但不能穿睡衣、拖鞋到大街上去购物或散步，那是不雅和失礼的。

二、职业人员的必备服装

1. 职业装

职业装可以分为行政职业装、职业制服和职业工装。

（1）行政职业装。行政职业装适用于金融、保险、通信、国家机关、文物、交通等各企业事业单位的窗口部门及行政单位，主要款式为西装或变形西装。

（2）职业制服。职业制服是为了体现行业特点，并有别于其他行业而特别设计的着装。一些行业服务人员在工作场合必须着职业制服，这不仅是对服务对象的尊重，同时也使着装者有一种职业的自豪感、责任感，且是敬业、乐业在服饰上的具体表现，如图2-20～图2-22所示。

图2-20　空乘人员制服　　　　图2-21　导购员制服　　　　图2-22　酒店服务人员制服

（3）职业工装。主要适用各类工矿企业及其他行业的维修、管护岗位，一般要求工装

布料具有一定的强度，工装宽松适于活动。

2．礼服

职场人士在参加宴会、舞会、晚会、聚会等社交活动中，需要穿适宜的礼服。

（1）男士礼服。中山装为男士中式礼服；燕尾服、平口式礼服、晨礼服、西装礼服为男士常用的西式礼服。

（2）女士礼服。旗袍为女士中式礼服；晨礼服、小礼服、大礼服、裙套装礼服为女士常用西式礼服。

3．休闲、运动装

场合不同，着装也可不拘风格，以充分展现个人魅力。其主要有牛仔服、时装、运动装等。

知识拓展一　职业装的起源

我国自古就被称为"衣冠上国，礼仪之邦"。服饰是礼仪的载体，礼仪是服饰的内涵，服饰礼仪是华夏文化的重要窗口。翻阅我国服饰文化史可以看到，先秦诸子各持服饰观念彼此争鸣，为我国服饰文化拓展出相对多元化的发展态势，也在不同层面挖掘出了多样性服饰美学的文化命题。

在我国古代，随着社会分工的逐渐明确，自然形成了带有标志性的服装，奠定了职业装的基本风格。古代帝王冕旒、官员顶戴、儒生长衫、武将铠甲等都是职业装的范畴。古代的"青衿""甲士"，现代的"白大褂""白领""蓝领"都是因服装而论的社会角色，可见服装已经是某种职业人士的代表或标志。

知识拓展二　中山装

中山装又称中山服（如图2-23所示），是根据孙中山先生曾穿着的款式命名的。自问世迄今已近百年，它一直是中国男性喜爱的服装之一。主要特点是立领、前身四个明贴袋，款式造型朴实而干练。

中山装整体廓形丰厚、饱满，穿着稳重大方，民国政府曾将其定为国服。在民国时期，中山装从试制开始，每个细部都有其特定的文化内涵。

中山装衣襟处的五粒纽扣表示五权分立及仁、义、礼、智、信的中华民族道德准则；前襟外面的四个方袋表示国之四维，即礼、义、廉、耻；衣袋袋盖设计为倒置笔架形，表示重视知识分子；三粒袖扣代表三民主义。

中山装既保留了西服的部分长处，又具有鲜明的

图2-23　中山装

民族风格，穿着得体会显得庄重而不死板。在穿着中山装时，坐立一定要挺起胸膛，忌勾肩含胸；发型要整理干净，利落简洁；全部衣扣都要系上，不允许挽起袖口或者裤腿，不然显得不够庄重、不伦不类；中山装的颜色选择应偏稳重，深色系为宜。

知识拓展三 旗袍

　　旗袍是我国悠久的服饰文化中绚烂的现象和形式之一，民国政府于1929年将其确定为国家礼服之一，如图2-24所示。它既有沧桑变幻的往昔，更拥有焕然一新的现在。

图2-24 旗袍

　　古典旗袍源自满族妇女的旗装，大多采用平直的线条，衣身宽松，两边开叉，胸腰围度与衣裙的尺寸比例较为接近，在袖口领口有大量盘滚装饰。色彩鲜艳，花色品种多样，喜用对比度高的色彩进行搭配。

　　20世纪20年代至40年代末，旗袍风行了20多年，款式几经变化，旗袍彻底摆脱了旗装的老式样，也改变了我国妇女长期以来束胸裹臂的旧貌，让女性的曲线美充分显示出来。民国旗袍开省收腰，表现了女性体态曲线美。旗袍面料较轻薄，印花织物增多，装饰也较简约。

　　改革开放后，消失了30余年的旗袍又重新受到女士的青睐。进入21世纪以来，随着对传统文化的更加重视，旗袍也被视为中华民族的象征之一，不但屡屡出现在国家外事活动中，而且在我国举办的大型国际会议和体育盛会中也频现旗袍的身影。在国外，还有不少设计大师以旗袍为灵感，推出了具有国际风味的旗袍，旗袍已享誉世界。

技能训练

训练一：对号入座。
教师出示不同的服装图片，请学生说出其适合的场合、职业、体型、肤色。

训练二：着装设计。

经过公司层层选拔、面试，身材高挑、皮肤白皙的李婷终于脱颖而出，被公司录取。明天公司领导要与新职员一起共进晚餐，面对衣柜中的衣服，李婷不知该如何选择。请你从颜色、款式等方面帮她选择一套合适的衣服参加晚宴。

测一测

1. _____原则是世界上公认的穿衣原则，它的含义是：人们在选择服饰穿戴时要注意与特定的_____、_____、_____相和谐。
2. 职业装从行业的角度分，可以分为_____、_____和_____。
3. 搜集服务业各岗位的制服图片，并制成演示文稿，在班级内进行交流。

知识点二　穿出西装的品位

西装是一种国际性服装，穿起来给人一种彬彬有礼、潇洒大方的深刻印象，所以现在越来越多地被用于正式场合，也是职场必备的服饰之一，如图2-25所示。

图2-25　西装

一、西装的穿着原则

西装穿着讲究"三个三"，即三色原则、三一定律、三大禁忌。

1. 三色原则

正式场合着西装套装全身上下不超过三种颜色，包括衬衣、领带、腰带、鞋袜等在内。

2. 三一定律

着西装正装，腰带、皮鞋、公文包应保持同一颜色，黑色为佳。

3. 三大禁忌

西装袖口的商标未拆；穿白色袜子、尼龙袜子出现在正式场合；领带的打法出现错误。

二、西装的穿着规范

男士在穿着西装时，要对其具体的穿法倍加重视。不遵守西装的规范穿法，在穿西装时任性随意，都是有违礼仪的无知表现。在穿西装时，要特别注意以下七个方面的具体问题。

1. 要拆除衣袖上的商标

在西装上衣的袖口处，通常会缝有一块商标，有时还同时缝有一块纯羊毛标志。在正式穿西装之前，切勿忘记将它们先行拆除。这种做法等于是对外宣告该套西装已被启用。

假如西装穿过许久之后，袖子上的商标依旧停留于原处，好似有意以此招摇过市一样，难免会见笑于人。

2．要熨烫平整

欲使一套穿在自己身上的西装看上去美观大方，首先就要使其显得平整而挺括，线条笔直。要做到此点，除了要定期对西装进行干洗外，还要在每次正式穿着之前，对其进行熨烫。千万不要疏于此点，而使之皱皱巴巴，美感全失。

3．要扣好纽扣

着西装时，上衣、马甲与衬衣的纽扣系法都有相应的规定。在三者之中，又以上衣纽扣的系法讲究最多。一般而言，站立之时，特别是在大庭广众之下起身站立之后，西装上衣的纽扣应当系上，以示郑重其事。就座之后，西装上衣的纽扣则大都要解开，以防其"扭曲"走样。唯独在内穿马甲或羊毛衫，外穿单排扣上衣时，才允许站立之际不系上衣的纽扣。

通常，系西装上衣的纽扣时，单排扣上衣与双排扣上衣有不同的系法。系单排两粒扣式的西装上衣的纽扣时，讲穿"扣上不扣下"，即只系上边那粒纽扣。系单排三粒扣式的西装上衣的纽扣时，正确的做法有二：要么只系中间那粒纽扣，要么系上上面那两粒纽扣。而系双排扣式的西装上衣的纽扣时，则可以系上的纽扣一律都要系上。

穿西装马甲，不论是将其单独穿着，还是穿着它同西装上衣配套，都要认真地扣上纽扣，而不许听任其随意敞开。在一般情况下，西装马甲只能与单排扣西装上衣配套。它的纽扣数目有多有少，但大体上可分为单排扣式与双排扣式两种。根据西装的着装惯例，单排扣式西装马甲的最下面的那粒纽扣应当不系，而双排式西装马甲的全部纽扣必须无一例外地统统系上。

目前，在西裤的裤门上，有的是纽扣，有的是拉锁。一般认为，前者较为正统，后者使用起来更加方便。不管穿何种西裤，都要时刻提醒自己，将纽扣全部系上，或是将拉锁认真拉好。参加重要的活动时，还须随时悄悄地对其进行检查，西裤上的挂钩也应挂好。

4．要不卷不挽

穿西装时，一定要悉心呵护其原状。在公共场所里，千万不要当众随心所欲地脱下西装上衣，更不能把它当作披风一样披在肩上。需要特别强调的是，无论如何都不可以将西装上衣的衣袖挽上去。否则，极易给人以粗俗之感。在一般情况之下，随意卷起西裤的裤管，也是一种不符合礼仪的表现。

5．要慎穿毛衫

职场人士想要将一套西装穿得有"型"有"味"，那么除了衬衫与马甲之外，在西装上衣之内，最好不要再穿其他衣物。在冬季寒冷难忍时，只宜暂作变通，穿上一件薄型"V"领的单色羊毛衫或羊绒衫。这样既不会显得过于光哨，也不会妨碍自己打领带。不要去穿色彩、图案十分复杂的羊毛衫或羊绒衫，也不要穿扣式的开领羊毛衫或羊绒衫。后者的纽扣多，与西装上衣同穿，令人眼花缭乱。注意，同一时间不宜穿多件毛衫，会致使西装鼓胀不堪，变形走样。

6. 要巧配内衣

西装的标准穿法，是衬衫之内不穿棉纺或毛织的背心、内衣。至于不穿衬衫，而以T恤衫直接与西装配套的穿法，则是不符合规范的。因特殊原因，需要在衬衫之内再穿背心、内衣时，有三点注意事项：一是数量上以一件为限。要是一下穿上多件，则必然会使自己显得十分臃肿。二是色彩上宜与衬衫的色彩相仿，绝不应使之较衬衫的色彩深，免得二者反差鲜明。在浅色或透明的衬衫里面穿深色、艳色的背心、内衣，会招人笑话。三是款式上应短于衬衫。穿在衬衫之内的背心或内衣，其领形以"U"领或"V"领为宜，在衬衫之内最好别穿高领的背心或内衣，不然在衬衫的领口之外很可能会露出一截有碍观瞻的"花絮"。此外，还须留心别使内衣的袖管暴露在别人的视野之内。

7. 要少装东西

为保证西装在外观上不走样，就应当在西装的口袋里少装东西，或者不装东西。对待上衣、背心和裤子均应如此。要是把西装上的口袋当作一只"百宝箱"，用乱七八糟的东西把它塞得满满的，无异于是在糟蹋西装。具体而言，西装不同的口袋发挥着各不相同的作用。

在西装上衣上，左侧的外胸袋除可以插入一块用以装饰的真丝毛帕，不再放其他任何东西，尤其不应当别钢笔、挂眼镜；内侧的胸袋，可用来别钢笔、放钱夹或名片夹，但不要放过大过厚的东西或无用之物；外侧下方的两只口袋，原则上以不放任何东西为佳。在西装马甲上，口袋多具装饰的功能，除可以放置怀表外，不宜再放别的东西。在西装的裤子上，两只侧面的口袋只能够放纸巾、钥匙包；其后侧的两只口袋，大都不放任何东西。

男士还要注意西装的搭配。熟知西装着装规范的人，大都听说过这样一句话：西装的韵味不是单靠西装本身穿出来的，而是用西装与其他衣饰一道精心组合搭配出来的。由此可见，西装与其他衣饰的搭配，对于得体地穿着西装，是何等重要。

三、西装的搭配

1. 衬衫

（1）衬衫的选择。与西装配套的衬衫应为正装衬衫。一般来讲，正装衬衫具有以下特征：

1）面料。应为高织精纺的纯棉、纯毛面料，或以棉、毛为主要成分的混纺衬衫。条绒布、水洗布、化纤布、真丝、纯麻皆不宜选。

2）颜色。必须为单一色，白色为首选，蓝色、灰色、棕色、黑色亦可；杂色、过于艳丽的颜色（如红、粉、紫、绿、黄、橙等色）有失庄重，不宜选。

3）图案。以无图案为最佳，有较细竖条纹的衬衫有时候在商务交往中也可以选择。

4）衣领。以方领为宜，扣领、立领、翼领、异色领不宜选。衬衫的质地有软质和硬质之分，穿西装要配硬质衬衫。尤其是衬衫的领头要硬实挺括，要干净，不能太软，或油迹斑斑。

5）衣袖。正装衬衫应为长袖衬衫。

（2）衬衫的穿法。不穿西装外套而只穿衬衫打领带的做法仅限室内，而且正式场合不允许。

1）衣扣。衬衫的第一粒纽扣，穿西装打领带时一定要系好。若松松垮垮，给人极不正规的感觉。相反，不打领带时一定要解开。再有，打领带时衬衫袖口的扣子一定要系好，而且绝对不能把袖口挽起来。

2）袖长。衬衫的袖口一般以露出西装袖口外1.5cm为宜，这样既美观又干净，但要注意衬衫袖口不要露出太长，那样就过犹不及了。

3）下摆。衬衫的下摆不可过长，而且下摆要塞到裤子里。

2．领带

领带是男士在正式场合的必备服装配件之一，它是男士西装的重要装饰品，对西装起着画龙点睛的重要作用。所以，领带通常被称作男士服饰的灵魂。

（1）领带的选择。

1）面料。领带最高档、最正宗的面料是真丝领带，棉布、麻料、羊毛、皮革、珍珠等面料领带不适合正式场合。

2）颜色。选择领带时，要与衬衫、西装的颜色和谐、调和。

一般来说，各行业服务人员应选用与自己制服颜色相称、光泽柔和、典雅朴素的领带，不要选用那些过于显眼花哨的领带。颜色一般选择单色（蓝、灰、棕、黑、紫色等较为理想），多色的则不应多于三种颜色，而且尽量不要选择浅色、艳色。

领带的色彩有一定的含义：金色代表雍容华贵，红色代表喜庆热烈，蓝色代表宽容冷静，黑色代表坚定庄重，白色代表圣洁纯真。在选择领带时还要遵循色彩搭配的基本原则：银灰色、乳白西装配红领带，红色、紫色西装配乳白领带，深蓝、墨绿西装配黄色、玫瑰色领带，褐色、深绿西装配天蓝色领带。

3）图案。领带图案的选择则要坚持庄重、典雅、保守的基本原则，正式场合应选择规则、传统的图案，如横、竖或斜条、圆点、方格、规则的碎花。印有人物、动物、景观、怪异神秘图案的领带适用于非正式场合。独特的图纹只能在休闲时穿戴，在商务场合最好避免使用，否则会有失大雅。

4）款式。领带有三种款式，主要区别在领带的宽度上，常用的领带宽度多为8～9cm，最宽的可达12cm，最窄的仅有5～7cm。

5）质量。外形美观、平整、无挑丝、无疵点、无线头，衬里毛料不变形，悬垂挺括，较为厚重。

（2）打领带的规范。

1）注意场合。打领带意味着穿着正式。

2）注意与之配套的服装。西装套装必须打领带，穿着夹克等休闲服装则不能打领带。

3）注意性别。为男性专用饰物，女性一般不用，除非用于搭配制服或作装饰用。

4）长度。领带的长度以自然下垂最下端（即"大箭头"）到皮带扣处为宜，过长或过短都不合适，领带结要与衬衫的领子融合在一起。领带系好后，一般是两端自然下垂，宽的一片应略长于窄的一片，绝不能相反，也不能长出太多。如穿西装马甲，领带尖不要露出马甲。

5）打法。总体要求是：挺括、端正、外观呈倒三角形。常见领带打法有以下几种。

① 平结。平结为男士最常选用的领结打法之一，几乎适用于各种材质的领带，如图2-26所示。领结下方所形成的凹洞需让两边均匀且对称。

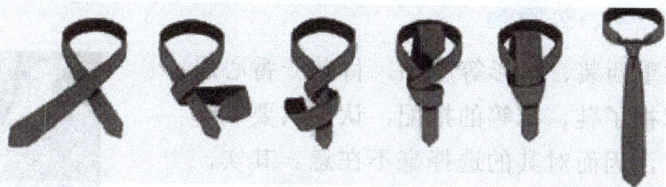

图2-26 平结

② 双环结。一条质地细致的领带再搭配上双环结颇能营造出时尚感，适合年轻的上班族选用，如图2-27所示。该打法的特色是第一圈会稍露出第二圈之外，无须刻意遮盖。

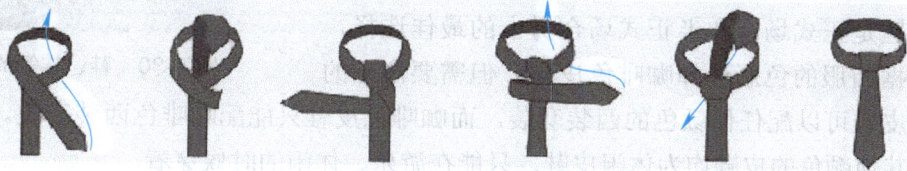

图2-27 双环结

③ 温莎结。温莎结适合用于宽领型的衬衫，该领结应多往横向发展，如图2-28所示。应避免材质过厚的领带，领结也勿打得过大。

图2-28 温莎结

④ 四手结（单结）。四手结是所有领结中最容易上手的，适用于各种款式的衬衫及领带，如图2-29所示。

图2-29 四手结

3．西裤

西裤作为西装整体的另一主要部分，要与上装相协调，构成和谐的整体，在穿着时要注意如下几点。

（1）因西装讲究线条美，所以西裤必须要有中折线。

（2）西裤长度以站立时前面能盖住脚背，后边能遮住1cm以上的鞋帮为宜。

（3）不能随意将西裤裤管挽起来。

（4）裤腰大小以合扣后可插入一手掌为宜。

4．鞋、袜、皮带、公文包

许多人非常注重西装、衬衫等服饰，肯花一番心思在它们身上，却忽视了鞋、袜等的搭配，认为只要衣裤一盖上便看不到了，因而对其的选择毫不在意。其实，鞋、袜等服饰同样有其穿着规范，如图2-30所示。

（1）鞋。首先，穿整套西装一定要穿皮鞋，不能穿旅游鞋、便鞋、布鞋或凉鞋，否则会显得不伦不类。皮鞋要经常进行保养，勤打油、勤清洁。其次，黑色系带平跟皮鞋是正式场合和半正式场合男士的最佳选择，还可以根据西服的色彩选择咖啡色皮鞋。但需要注意的

图2-30 鞋、袜等的搭配

是，黑色皮鞋可以配任何颜色的西装套装，而咖啡色皮鞋只能配咖啡色西装套装。白色、米黄色等其他颜色的皮鞋均为休闲皮鞋，只能在游乐、休闲的时候穿着。

（2）袜。穿整套西装一定要穿与西裤、皮鞋颜色相同或接近的袜子，袜子颜色要比裤子深，或选择与鞋子颜色相近的单色袜子，一般为黑色、深蓝色或藏青色，绝对不能穿花袜子或白色袜子，那样会被认为是没有教养的表现。另外，男士袜子的质地一般以棉线为宜，长度要高及小腿部位，不然坐下后露出皮肉，非常不雅观。

（3）皮带。穿西裤时要系上皮带，皮带应选择质地上乘的。颜色以黑色、褐色为好，使用时要与鞋子、皮包的颜色协调一致。皮带以系好后多出2～3寸较为理想。皮带扣图案要简洁庄重。皮带系好后，皮带的尾端应介于第一和第二裤袢之间，皮带宽窄应保持在3cm左右，皮带头与裤前拉链及衬衣领开口在一条线上，即要讲究"三点一线"。

（4）公文包。公文包的颜色应与鞋子的颜色一致，选择真皮面料。款式应庄重大方，不要有过多装饰物。

知识拓展 西装的起源与发展

西装作为舶来品，最早源于欧洲国家。关于西装的由来，主要有两种说法：一种说法认为西装源于依靠捕鱼为业的欧洲渔民。渔民们为了方便劳作，经常敞着衣服，衣领也十分宽大，后来人们慢慢改进，逐渐形成西装的大致款式。第二种说法认为西装源于欧洲王亲贵族的传统服饰，主要由男性穿着，由上衣、背心和裤子搭配而成。西装发展至今，已

有300多年的历史，经历了多个发展时期，款式也在不断演变和改进，最终成了今天我们所见的模样。

西装的发展潮流让我们看到了事物的变迁与时代的发展，如今的西装不再只是正式场合的必备，更是日常生活中的流行服饰。

技能训练

训练一：练习领带的打法。

对照图例，练习领带的打法，每人至少掌握三种领带的打法。

训练二：西装穿着展示。

进行西装穿着展示。要求：符合西装穿着的礼仪规范。

测一测

1．系单排三粒扣式的西装上衣的纽扣时，正确的做法则有二：要么只系_____纽扣，要么系_____粒纽扣。而系双排扣式的西装上衣的纽扣时，则_____。

2．什么是穿着西服时的"三个三"原则？

3．简述西装穿着规范。

4．案例分析：

美国的一位总统有一次穿着牛仔裤、格子衬衫和旅游鞋去大学里给学生们演讲，结果被学生喝倒彩哄下了台，场面非常的尴尬。

你知道这是为什么吗？对于他的着装，你有什么建议？

知识点三　展现职业套裙的魅力

职业套裙可以分为两种基本类型：一种是用女式西装上衣和任意一条裙子自由搭配而成的"随意型"；一种是女式西装上衣和裙子成套设计、制作而成的"成套型"或"标准型"。职业套裙既能体现着装者柔媚、婉约、清丽的风韵，又能体现干练、敬业、成熟的职业特点。目前，职业套裙已经被公认为是职业女士的最佳选择。

一、职业套裙的选择

1. 面料的选择

女士套裙一般选择匀称、平整、柔软、悬垂、挺括的面料。例如，经过处理，不易起皱的丝、棉、麻以及水洗丝等面料。

2. 色彩的选择

为了更好地体现女士的典雅、端庄与稳重，在色彩的选择上多以冷色调为主。例如，土黄、茶褐、紫红、烟灰、雪青、藏青色等。在上下衣的搭配上，可以上深下浅，富有活泼与动感；还可以上浅下深，富有庄重与成熟感。这种色彩搭配都能产生很好的效果。

3．图案的选择

图案忌花哨、无图案或格子、圆点、条纹，点缀忌多。

4．尺寸的选择

上衣不宜过长，下裙不宜过短。

5．造型的选择

套裙的造型，基本上有以下四种。

（1）A型：上衣为紧身式，下裙为宽松式。这是一种上紧下松的造型，能体现出上身的身材优势，又能恰当地遮掩下身的身材劣势。造型上张弛有致，富于变化和动感。

（2）H型：上衣比较宽松，下裙多为筒裙。这种造型体现出优雅和含蓄，还可以使丰满的人显得比较秀气。

（3）X型：上衣为紧身式，下裙为喇叭式。这种造型能较好地体现腰部曲线，看上去婀娜多姿、魅力无穷。

（4）Y型：上衣比较宽松，裙子为紧身式，以筒裙为主，基本造型是上松下紧。这种造型可以遮掩上半身的短处，表现出下半身的长处，给人亭亭玉立、端庄大方的感觉。

二、职业套裙的穿着规范

1．大小适度

上衣最短可以齐腰，裙子最长可以达到小腿中部，上衣的袖长要盖住手腕。

2．穿戴整齐

要穿得端端正正。西装上衣的领子要完全翻好，衣扣一律全部系上，不允许部分或全部解开，更不允许当着别人的面随便脱下上衣。

3．注意场合

女士在各种正式活动中，一般以穿着套裙为好，尤其在涉外活动中。其他情况就没必要一定穿套裙，当出席宴会、舞会、音乐会时，可以选择和这类场面相协调的礼服或时装。这种高度放松的场合里，还穿套裙的话，会使你和现场格格不入，还有可能影响到别人的情绪。外出观光旅游、逛街购物、健身锻炼时，当然是休闲装、运动装等便装最合适了。

4．妆饰协调

通常，穿着打扮讲究的是着装、化妆和配饰风格统一，相辅相成。穿职业套裙时，必须维护好个人的形象，所以不能不化妆，但也不能化浓妆。配饰要少而精，合乎身份。在工作岗位上，不佩戴任何首饰也是可以的。

5．举止文雅

套裙最能够体现女性的柔美曲线，这就要求举止优雅，注意个人的仪态等。

当穿上套裙后，站要站得又稳又正，不可以双腿叉开，站得东倒西歪。就座以后，务必注意姿态，不要双腿分开过大，或是翘起一条腿，抖动脚尖；更不可以脚尖挑鞋摇晃，甚至当众脱下鞋来。走路时不能大步地奔跑，只能小碎步走，步子要轻而稳。拿自己够不着的东西，可以请他人帮忙，千万不要逞强，尤其不要踮起脚尖、伸直胳膊费力地去够，或是俯身、探头去拿。

三、职业套裙的搭配

1. 衬衫

（1）面料。轻薄而柔软，可选择真丝、麻纱、纯棉。

（2）色彩。雅致而端庄，且不失女性的妩媚；衬衫色彩与套裙的色彩协调，内深外浅或外浅内深，形成深浅对比。

（3）穿法。衬衫下摆掖入裙腰里；纽扣一一系好；不可在外人面前脱下上衣，直接以衬衫面对对方；最好不穿透明且紧身的衬衫。

2. 内衣

（1）内衣大小适中，面料以纯棉、真丝为佳。

（2）色彩可以是常规的白色、肉色，也可以是粉色、红色、紫色、棕色、蓝色、黑色，切记要视衬衫的颜色而定。

（3）不能过于宽大，也不能过于窄小。

（4）避免内衣的轮廓在套裙之外展现出来。

3. 衬裙

首先要注意款式配套，色彩为单色，与套裙的款式和色彩相互协调；无图案；线条简单、穿着合身、大小适度。

其次穿着时注意两点：一是衬裙的裙腰不可高于套裙的裙腰，二是将衬衣下摆掖入衬裙裙腰与套裙裙腰二者之间。

4. 鞋袜

鞋袜是女性的"脚部时装"和"腿部时装"，穿着的鞋袜要大小相宜、完好无损，不可当众脱下。

（1）皮鞋。女士在穿着职业套裙时以黑色船鞋最正统，建议鞋跟高度以3～4cm。也可选择与套裙色彩一致的皮鞋，不要选择鲜红、艳绿、明黄等颜色的鞋子，也不要穿漆皮鞋、系带皮鞋、皮靴、皮凉鞋等。

（2）袜子。与套裙配套的袜子颜色以肉色为佳，且不能出现破裂、抽丝、缝补黏合等现象。袜口不能露在裙摆或裤脚外边，因而裙装要与长筒袜或连裤袜配套，否则易出现"三截腿"，即指女士在穿半截裙子的时候穿半截袜子，袜子和裙子中间露一段腿肚子，结果导致裙子一截，袜子一节，腿肚子一截。这种穿法容易使腿显得又粗又短，术语称作"恶性分割"，不符合得体的礼仪规范。不要穿带图案的袜子，因为它们会惹人注意你的腿部。应随身携带一双备用的透明丝袜，以防袜子拉丝或跳丝。

5.饰物

（1）丝巾。丝巾用于搭配服装起修饰作用，让人显得端庄和活泼，与现有服装风格合理搭配，能诠释女性自然、温和、内敛的东方气质。正式场合使用的丝巾要庄重、大方，颜色要兼顾个人爱好、整体风格和流行时尚，最好无图案，也可选择典雅、庄重的图案。

行业制服大都有自己统一的丝巾装饰，常见的打法如下。

1）三角巾结：简单的三角巾打法，只需一个步骤，如图2-31所示。

2）基础方巾结：一切丝巾的打法，皆可由此延伸，如图2-32所示。

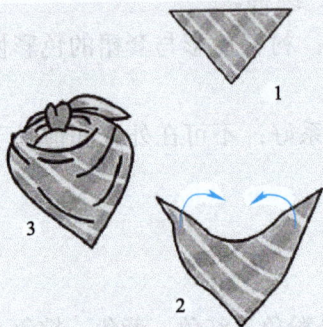

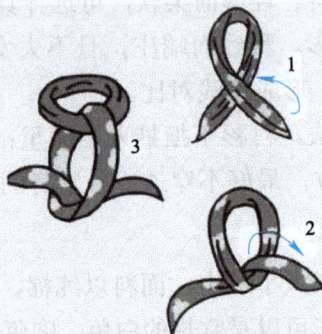

图2-31　三角巾结　　　　　　　　　图2-32　基础方巾结

3）童军结：个性风格的童军结，适合营造利落干练的风格，如图2-33所示。

4）围巾结：利用系领巾的基础围巾结之后，再多一个步骤，就是另一种变化，如图2-34所示。

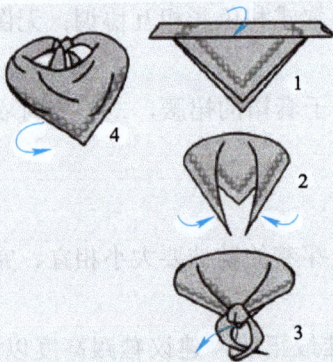

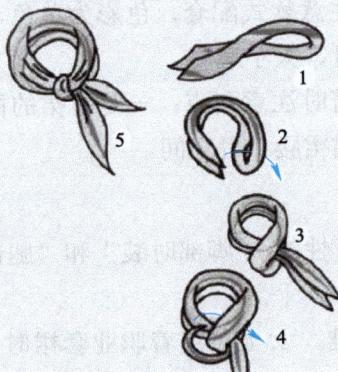

图2-33　童军结　　　　　　　　　　图2-34　围巾结

5）牛仔结：青春帅酷的卷法，简洁利落，呈现出上班族俏丽的气息，如图2-35所示。

6）短垂缀结：简单的绑法却有着完美如蝴蝶结翅膀的垂缀层次感，如图2-36所示。

7）短项链结：利用项链结搭配小V领的厚针织上衣最适合，如图2-37所示。

8）V字结：于前面交叉后，在后面打结，绑法轻松简单却充满时尚感，如图2-38所示。

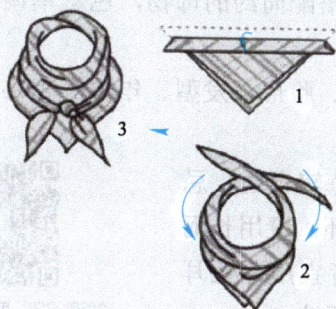

图2-35　牛仔结

图2-36　短垂缀结

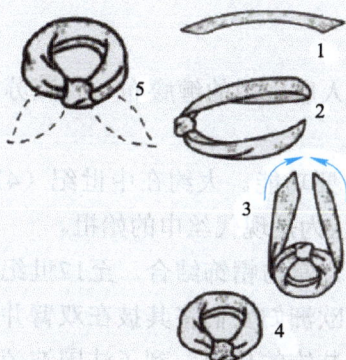

图2-37　短项链结

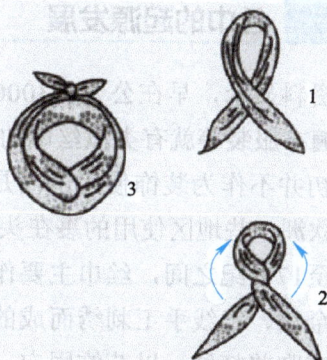

图2-38　V字结

9）花朵结：将丝巾利用小结系绑的方式，呈现出一朵栩栩如生的花朵样式，如图2-39所示。

（2）皮包。对于职业女性来说，包袋是服饰搭配中的重要内容，一个优雅精致的包会让你的形象更加美好。

1）包袋的颜色要与服饰的色彩协调一致。

2）适合职业女士的包袋应是真皮质地，不要使用帆布包或编织包。

3）包袋的造型要简洁、线条要明快，不要选择过大的包，要给人以灵便感。

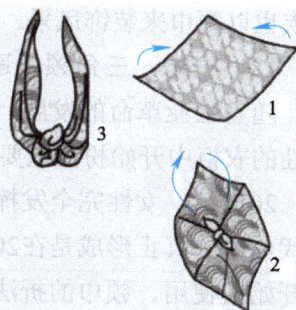

图2-39　花朵结

（3）首饰。女性首饰泛指耳环、项链、戒指、手镯、手链、胸针等。有碍于工作的首饰不戴；炫耀其财力的首饰不戴；突出个人性别特征的首饰不戴。

1）佩戴饰物的原则。

①协调原则。所佩戴的饰物应质地一致，如果选择了金项链，其他与之相配的饰物也应是金质的；所佩戴的饰物应款式一致；佩戴饰物是起点缀作用的，所以不要戴得太多，一般不要超过三款，不然会给人低俗的感觉。

②饰物与环境相协调原则。不同的季节要选择不同的首饰，工作场合要选择淡雅简朴的饰物。

③饰物与服装相协调原则。色彩鲜艳的服装可搭配简约的饰物，色彩单调沉稳的服装宜选择鲜明而多变的饰物。

④饰物与相貌协调原则。饰物要与个人的体型、脸形、发型、年龄等相协调，这样做可以利用饰物来掩饰自己的不足、突出自身的优点。

2）饰物选择的原则。脸形胖圆的人，用长耳坠较合适，忌用大而圆的耳环；脸形较长的人应选用大而宽的耳环，避用长而下垂的耳环。肤色深的人宜用浅色耳环；肤色浅者宜用深色耳环。颈细长的人可选用短项链；颈粗短者可选用长项链。

微课02 职场着装礼仪

知识拓展一 丝巾的起源发展

据相关资料显示，早在公元前3000年，古埃及人所采用的缠腰布、有流苏的长裙，古希腊时期的缠布服装等就有类似丝巾的痕迹。

丝巾最初并不作为装饰使用，而是以御寒为主要功能。大约在中世纪（476年—1453年）以前，欧洲一些地区使用的裹在头上的布巾被认为是现代丝巾的始祖。

16世纪至17世纪之间，丝巾主要作为头巾使用，常与帽饰结合。至17世纪末期，出现了以蕾丝和金线、银线手工刺绣而成的三角领巾，欧洲妇女们将其披在双臂并围绕在脖子上，在颈下或胸前打结，以花饰固定，兼具保暖与装饰的作用。到了法国波旁王朝时期，三角领巾被列为服饰中的重要配饰并规格化。上流社会开始以领巾来点缀华服，许多王公贵族也以领巾来装饰风采。

18世纪末，三角领巾逐渐演变成长巾，可绕过胸前系在背后，材质有薄棉和细麻之分。随着工业革命的发展，机器制的领巾被大量生产，原本是贵族特有的奢侈品，在一般女性的衣柜中开始扮演重要角色。

20世纪，女性完全发挥出使用丝巾的智慧，它开始陪伴着女性走上街头，走入职场。现代丝巾的真正形成是在20世纪20年代，跳脱出长披肩与头巾的传统使用方式，丝织的长巾开始被使用，领巾的折法、结法等技巧慢慢受到重视。到了20世纪60年代，知名设计师与品牌所设计的丝巾纷纷登场，丝巾成为服装品牌锁定的开发配饰，并一直发展至今。

知识拓展二 丝巾与脸形

当人们中意某一款丝巾时，首先要做的是将其贴近脸部，看一看与脸色是否相配，而穿戴时还要注意是否与脸形搭配，这样佩戴于身时才有更好的效果。

圆形脸：脸形较丰润的人，要想让脸部轮廓看来清爽消瘦一些，关键是要将丝巾下垂的部分尽量拉长，强调纵向感，并注意保持从头至脚的纵向线条的完整性，尽量不要中断。系花结的时候，最好选择适合个人着装风格的系法，如钻石结、三角巾结、玫瑰花、心形结、十字结等，避免在颈部重叠围系，避免选择过分横向以及层次质感太强的花结。

申字形脸：左右展开的横向系法能展现出颈部朦胧的飘逸感，并减弱脸部较长的感觉，可选择花朵结、项链结、双头结等；另外，还可将丝巾拧转成略粗的棒状后，系出蝴蝶结状，不要围得过紧，尽量让丝巾自然地下垂，渲染出朦胧的感觉。

甲字形脸：甲字形脸常给人一种严厉的印象和面部单调的感觉，可利用丝巾让颈部充满层次感，如带叶的玫瑰花结、项链结、青花结等。要注意减少丝巾围绕的次数，下垂的三角部分要尽可能自然展开，避免围系得太紧，并注重花结的横向层次感。

国字形脸：国字形脸容易给人缺乏柔媚的感觉，系丝巾时尽量做到颈部周围干净利索，并在胸前打出些层次感强的花结，再配以线条简洁的上装，可以较好地散发出高雅、时尚的气质。丝巾花形可选择基本方巾结、九字结、长巾玫瑰花结等。

技能训练

训练一：练习丝巾的打法。

对照图例，结合脸形，分组练习丝巾的打法，每人至少掌握3种丝巾的打法。

训练二：职业套裙穿着展示。

进行职业套裙穿着展示。

要求：注重细节，符合职业套裙的穿着礼仪规范。

测一测

1．为更好地体现女士的典雅、端庄与稳重，在色彩的选择上多以_____色调为主。

2．套裙的造型，基本上有以下四种：_____、_____、_____、_____。

3．女士在穿着职业套裙时以黑色船鞋最正统，建议鞋跟高度为3～4cm。与套裙配套的袜子颜色以肉色为佳，忌出现"三截腿"现象，即指_____
_____。

4．请简述女士职业着装规范。

学习实践

请结合自身条件（如体型、肤色等），为自己选择一身得体的职业装，女士可运用丝巾、胸针等进行搭配。可以通过网上搜集、手绘等方式呈现，将图片发至班级学习平台进行交流分享。

成果评价

结合学习实践内容，进行职业装的展示与评价，填写表2-2并在相应的等级中画"√"。

表2-2　职业装展示评价表

评价内容	😄		😐		😞	
	学生评	教师评	学生评	教师评	学生评	教师评
与肤色搭配						
与体型搭配						
符合职业装着装规范						
配饰搭配合理且符合规范						

学习目标

- 掌握正确的仪态举止要领。
- 纠正不雅的仪态举止习惯。
- 通过良好的仪态、优雅的举止，提升个人的形象气质。

◆ 任务一　把握表情的运用 ◆

案例导入

　　飞机起飞前，一位乘客请求空姐给他倒一杯水吃药，空姐很有礼貌地说："先生，为了您的安全，请稍等片刻，等飞机平稳飞行后，我会立刻把水给您送过来，好吗？"

　　十五分钟后，飞机早已进入平稳飞行状态。突然，乘客服务铃急促地响了起来，空姐猛然意识到：糟了，由于太忙，她忘记给那位乘客倒水了。当空姐来到客舱，看见按响服务铃的果然是刚才那位乘客，她小心翼翼地把水送到那位乘客眼前，面带微笑地说："先生，实在对不起，由于我的疏忽，延误了您吃药的时间，我感到非常抱歉。"这位乘客抬起左手，指着手表说道："怎么回事，有你这样服务的吗？你看看，都过了多久了？"空姐手里端着水，心里感到委屈，但是，无论她怎么解释，这位挑剔的乘客都不肯原谅她的疏忽。

　　接下来的飞行旅途中，为了弥补自己的过失，每次去客舱给乘客服务时，空姐都会特意走到那位乘客面前，面带微笑地询问他是否需要水或者别的什么帮助，然而，那位乘客余怒未消，摆出一副不合作的样子，并不理会空姐。

　　临到目的地前，那位乘客要求空姐把留言本给他送过去，很显然，他要投诉这名空姐。此时，空姐心里很委屈，但是仍然不失职业道德，显得非常有礼貌，而且面带微笑地说道："先生，请允许我再次向您表示真诚的歉意，无论您提出什么意见，我都会欣然接受您的批评！"那位乘客脸色一紧，嘴巴准备说什么，可是没有开口，他接过留言本，开始在本子上写了起来。

等到飞机安全降落，所有的乘客陆续离开后，空姐打开留言本，却惊奇地发现那位乘客在本子上写下的并不是投诉信，相反却是一封热情洋溢的表扬信。

是什么使得这位挑剔的乘客最终放弃了投诉呢？在信中，空姐读到这样一句话："在整个过程中，你表现出了真诚的歉意，特别是你的十二次微笑深深打动了我，使我最终决定将投诉信写成表扬信！你的服务质量很高，下次如果有机会，我还将乘坐你们这趟航班。"

表情对服务质量有什么影响和作用？在微笑服务的时候还应注意什么呢？

_____

_____

_____

知识点　展露亲切的目光及真诚的微笑

人与人之间的交往，第一印象往往是在前几秒钟形成的，而要改变它，却需付出很长时间的努力。良好的第一印象来源于人的仪表谈吐，但更重要的是取决于他的表情。

构成表情的主要因素是目光和微笑（见图3-1），眉毛和嘴也能传递信息。

1. 目光

目光是人在交往时一种深情的、含蓄的无声语言，往往可以表达有声语言难以表现的意义和情感。经心理学家统计发现，人一生所获信息的90％以上是通过眼睛实现的，眼睛是人体与外界交换信息最主要的器官。"眼睛是心灵的窗

图3-1　微笑

口"，它在很大程度上能如实反映一个人的内心世界。一个良好的交际形象，目光应是坦然、亲切、和蔼、有神的。

（1）注视方式。场合不同，目光注视的部位也不同。一般可分为公务凝视、社交凝视和亲密凝视。

1）公务凝视。在洽谈、磋商、谈判等严肃场合，目光要给人一种严肃、认真的感觉。注视的位置在对方双眼或双眼与额头之间的区域。

2）社交凝视。这是指在各种社交场合使用的注视方式。注视的位置在对方唇心到双眼之间的三角区域。

3）亲密凝视。这是亲人之间、恋人之间、家庭成员之间使用的注视方式。凝视的位置在对方双眼到胸部之间。

（2）目光的运用。目光是运用眼神来传递信息、表达情感、参与交际的重要语言。理

想的眼神表达至少应该注意以下几点。

1）注意视线角度，也就是目光的方向。眼神注视的方向可以表达情感。斜着眼看人，白眼球增多，表示蔑视、轻视和不快。谈话时，视线向上看对方，会令人觉得傲气、目中无人；视线向下看，表示自卑、不自信。商务场合应尽量平视，这样使交流也如目光这条线路一样直接而顺畅，仰视和俯视都会使双方的心理产生差距。在成年人的交往中，平视是最好的角度。

2）把握视线接触的长度，也就是目光接触时间的长短。在整个交谈过程中，与对方目光接触时间应该累计达到全部交谈过程的50%～70%之间，其余30%～50%的时间可注视对方脸部以外的5～10m处。如果一位长辈与晚辈谈话时，能够多一些目光的接触，这将对年轻人起到很大的鼓励作用。目光长时间的接触和交流是对对方最大的支持与肯定，同样对方会受到你良好情绪的感染，对你也抱有兴趣。

3）控制视线接触的位置。一般来说，在初次相见或最初会面的短暂时间，应注视对方的眼睛。如果交谈的时间较长，可以将目光迂回在眼睛和眉毛之间，或是随着对方的手势而移动视线。千万不要生硬地一直紧盯着对方，通常这样的目光是审视的、挑剔的、刁难的意思。如果长时间盯着对方的某个部位看，可能还会造成误解，使对方以为自己脸上有什么不妥当的地方，无端给对方造成压力。

4）善用目光的变化。一般和对方目光接触的时间，应是与对方相处的总时间的1/3，每次注视对方的眼睛不超过3秒，这样对方会感觉比较自然。在向交往对象问候、致意和道别的时候都应面带微笑，用柔和的目光去注视对方，以示尊敬和礼貌。目光柔和地照在对方的脸上，并不是单纯地注视，否则会让人感觉不友善，也不能从脚底看到头顶反复打量对方，即便对方的穿着有不得体的地方，也应该使目光变化时尽量不着痕迹。

眼神是一种独特的语言，它能如阳光般让对方的心情豁然开朗，也能像阴霾让对方的情绪瞬时阴暗。所以，运用好你的眼神，它会成为社会交往中极好的润滑剂。

（3）目光的训练方法。

1）对视法。找一位与自己身高一样的同学进行互视，尽量不眨眼。

2）对镜训练法。取一张厚纸遮住眼睛以下的部位，对着镜子，心里想着最让你高兴的事情。这样，整个面部就会露出自然的微笑，眼睛周围的肌肉也处于微笑的状态。

2．微笑

微笑是一种特殊的语言——情绪语言，其传播功能具有跨越国籍、民族、宗教、文化的性质。大多数社交场合下，微笑都可以和有声的语言及行动相配合，起到互补作用，充分表达尊重、亲切、友善、快乐的情绪，拨动对方的心弦，沟通人们的心灵，缓解紧张的气氛，架起友谊的桥梁，给人以美好的感受。

（1）微笑的作用。在职业活动中，使用最多的表情便是微笑。正如一位哲人所说：微笑，它不花费什么，但却创造了许多成果。它丰富了那些接受的人，又不使给予的人变得贫瘠。它在一刹那间产生，却给人留下永恒的记忆。在现代职场中，微笑是有效沟通的法宝，是良好人际关系的磁石。

1）微笑能给人留下良好的第一印象。面带微笑表现出一个人心情愉悦、乐观满足、善待人生、充满自信的良好心态。初次见面时，面带微笑容易给他人带来愉快的感觉，从而留下深刻印象。

2）微笑能够融洽氛围，消除隔阂与矛盾。在人际交往中，人与人之间难免会发生一些小摩擦，影响双方关系。而微笑就像和煦的春风，吹走阴霾，吹暖人的心灵，它的力量甚至胜过那些歉意的语言。

3）微笑是自信心、自豪感的体现。在工作岗位上保持微笑，说明热爱本职工作，乐于恪尽职守。

（2）微笑五要素。

1）要笑得自然。微笑是美好心灵的外观，微笑需要发自内心才能笑得自然、笑得亲切、笑得美好、得体。切记不能为笑而笑、没笑装笑。

2）要笑得真诚。人对笑容的辨别力非常强，一个笑容代表什么意思、是否真诚，人的直觉都能敏锐判断出来。所以，当你微笑时，一定要真诚。真诚的微笑让对方内心产生温暖，引起对方的共鸣，使之陶醉在欢乐之中，加深双方的友情。

3）微笑要看场合。微笑使人觉得自己受到欢迎、心情舒畅，但对人微笑也要看场合，否则就会适得其反。例如，当你出席一个庄严的集会，或是去参加一个追悼会，微笑是很不合时宜，甚至招人厌恶。当你同对方谈论一个严肃的话题，或者告知对方一个不幸的消息时，又或者是你的谈话让对方感到不快时，也不应该微笑。因此，在微笑时，一定要分清场合。

4）微笑的程度要合适。微笑是向对方表示一种礼节和尊重，我们倡导多微笑，但不建议时刻微笑。微笑要恰到好处，比如当对方看向你的时候，你可以直视对方并微笑点头；对方发表意见时，可以一边听一边不时微笑。如果不注意微笑程度，笑得放肆、过分、没有节制，就会有失身份，引起对方的反感。

5）微笑的对象要合适。对不同的交际对象，应使用不同含义的微笑，传达不同的感情。尊重、真诚的微笑应该是给长者或尊者的，关切的微笑应该是给年幼者或下属的，平和、友善的微笑应该给同事、朋友的。

（3）正确微笑的原则。

1）主动微笑原则。在职场中，初次与人见面时主动微笑，会给人留下彬彬有礼、热情亲切的印象，有利于创造友好、热情的气氛，增进双方的情感。

2）自然大方微笑原则。微笑时要神态自然，热情适度，最好表现为目光有神、眉开眼笑，这样才显得亲切、真诚、温暖、大方。切忌表演色彩过浓、故作姿态或生硬应付。

3）真诚微笑原则。微笑应是发自内心的，是真情实感的流露，只有这样的微笑，才能传递情感、打动他人，让他人感到真实和舒适。

4）健康微笑原则。微笑应该是健康的、爽朗的，自身状况不佳时，即使露出笑脸，也会给人不自然的感觉。至于一脸病相、倦相，或微笑时牙齿不洁、不整甚至有异味，则更难给人留下好印象。

5）最佳时机和维持原则。在目光与他人接触的瞬间，就要目视对方启动微笑，此时应目光平视、坦然自信，不可斜视，不可左顾右盼、交头接耳，也不要有羞涩之感。微笑的最佳时长以3秒钟为宜，时间过长会给人假笑或不礼貌的感觉。注意微笑的启动和收拢动作要自然，切忌突然用力启动和突然收拢。

6）一视同仁原则。面对不同身份的人，都应同等对待，一律报之以微笑，切忌以貌取人。

（4）微笑的规范。

1）亲切式。面带微笑，笑不露齿，真诚亲切，如沐春风。

2）温馨式。两边嘴角微微上扬，稍露齿。

3）灿烂式。自然、露出牙齿，是最为灿烂的微笑。

（5）微笑训练方法。

1）对镜训练法。端坐镜前，衣装整洁，以轻松愉快的心情，调整呼吸使之自然顺畅；静心3秒钟，开始微笑。双唇轻闭，使嘴角微微翘起，面部肌肉舒展开来；同时注意眼神的配合，使之达到眉目舒展的微笑面容，如此反复多次。自我对镜微笑训练时间长度随意。为了使效果明显，可播放较欢快的背景音乐。

2）模拟微笑训练法。

① 把手举到脸前，两手食指伸出，将手指放在嘴角并向左右缓慢移动，如图3-2所示。

② 保持嘴角的笑意，双手按箭头方向做"拉"的动作，一边想象笑的形象，一边使嘴笑起来，如图3-3所示。

图3-2　模拟微笑训练1

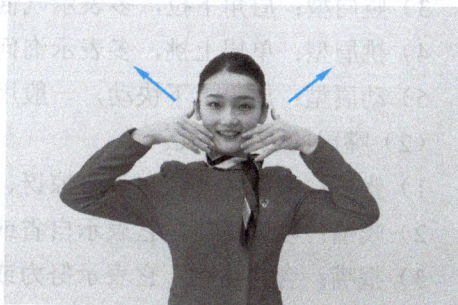

图3-3　模拟微笑训练2

③ 手张开举在眼前，手掌向上提，并且两手展开，随着手掌上提、打开，眼睛一下子睁大，如图3-4所示。

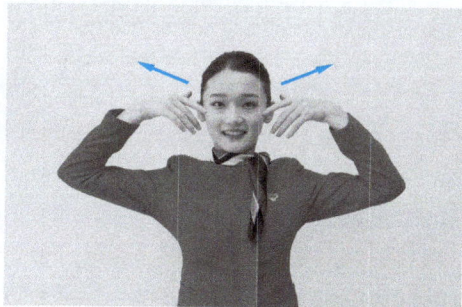

图3-4　模拟微笑训练3

3）情绪诱导法。情绪诱导就是设法寻求外界的诱导、刺激，以求引起情绪的愉悦和兴奋，从而唤起微笑的方法。诸如，打开你喜欢的书页，翻看使你高兴的照片、画册，回想过去幸福生活的片断，播放你喜欢的、容易使自己快乐的乐曲等，以期在欣赏和回忆中引发快乐和微笑。有条件的，最好用摄像机摄录下来。

4）含箸法。道具是选用一根洁净、光滑的圆柱形筷子（不宜用一次性的简易木筷，以防划伤嘴唇），横放在嘴中，用牙轻轻咬住，以观察微笑状态。保持15～20min，如图3-5所示。

图3-5　含箸法

知识拓展一　识别面容的表达

面容是指人们面部所显示出的综合表情，对眼神和笑容发挥辅助作用，同时也可以自成一体，表现自己的独特含义。

（1）眉毛的表达方式。

1）皱眉型：双眉紧皱，多表示困窘、不赞成、不愉快。

2）耸眉型：眉峰上耸，多表示恐惧、惊讶或欣喜。

3）竖眉型：眉角下拉，多表示气恼、愤怒。

4）挑眉型：单眉上挑，多表示询问。

5）动眉型：眉毛上下快动，一般用来表示愉快、同意或亲切。

（2）嘴巴的表达方式。

1）张嘴：嘴巴大开，它表示惊讶、恐惧。

2）咬嘴：咬紧嘴唇，它表示自省或自嘲。

3）抿嘴：含住嘴唇，它表示努力或坚持。

4）噘嘴：噘起嘴巴，它表示生气或不满。

5）撇嘴：嘴角一瞥，它表示鄙夷或轻视。

6）努嘴：嘴巴努向某方，它表示怂恿或支持。

（3）下巴的表示方法。

1）收起下巴，表示隐忍。

2）缩紧下巴，表示驯服。

3）耷拉下巴，表示困乏。

4）突出下巴，表示攻击。

5）前伸下巴，表示自大。

（4）鼻子的表达方式。

1）挺鼻：表示倔强或自大。

2）缩鼻：表示拒绝或厌弃。

3）皱鼻：表示好奇或吃惊。

4）抬鼻：表示轻视或歧视。

5）摸鼻：表示亲切或重视。

（5）耳朵的表达方式。

1）侧耳：表示关注。

2）耸耳：表示吃惊。

3）捂耳：表示拒绝。

4）摸耳：表示亲密。

知识拓展二 世界微笑日

每年的5月8日是世界微笑日，也是唯一一个庆祝人类行为表情的节日。通过对于微笑行为的唤起，让人们之间的社交行为变得更加顺畅。

每一个人都需要放缓脚步，静观周围美好的事物，凝神谛听大自然的天籁，让绷紧的脸庞舒缓，皱紧的眉宇打开，让微笑在脸上绽放，才能融解人们彼此之间的冰霜和风寒。通过微笑可以促进人的身心健康，同时在人与人之间传递愉悦与友善，增进社会和谐。

微笑是世界上最美丽的表情，每天嘴角保持上扬、一路向阳，生活就很美好。在对别人的微笑中，你也会看到世界对自己微笑起来。

技能训练

训练一：对镜练习。

微笑时眉、眼、面部肌肉、口形应和谐统一。取一张厚纸遮住眼睛以下的部位，对着镜子，心里想着高兴的事情。这样，整个面部就会露出自然的微笑，眼睛周围的肌肉也处于微笑的状态，这就是"眼形笑"；然后，将厚纸遮住眼睛，放松面部肌肉，嘴角两端向上略微提起，这就是"脸形笑"。

训练二：咬筷子练习。

咬筷子是为了在微笑时恰到好处地露出牙齿。一般来说，着力点应该在门牙旁的犬齿上，但也要因人而异。咬筷子的同时要调整嘴形，嘴角上扬15°左右。

训练三：面对面练习。

两人一组，面对面露出亲切、友善的笑容，保持5～10min，之后互相评议并纠正不足。

训练四：设计情境练习。

小组练习，结合问候、鞠躬同步练习。要求注意身体、语言的协调运用，并进行展示。

测一测

1. 场合不同，注视的部位也不同。一般分为_____、_____、_____。

2．公务凝视的位置在对方_____或_____之间的区域；社交凝视的位置在对方_____到_____之间的三角区域；亲密凝视的位置在对方_____到_____之间的区域。

3．正确微笑的原则是什么？

4．你认为微笑重要吗？为什么？

成果评价

结合本单元的学习内容，填写表3-1，对微笑展示进行评价，并在相应的等级中画"√"。

表3-1　表情评价表

评价内容		😃		😐		🙁	
		学生评	教师评	学生评	教师评	学生评	教师评
目光	友善，亲切						
	眼神柔和						
	礼貌，正视						
	目光交流						
微笑	真诚，甜美						
	自然，露牙						
	嘴角上翘						
	口眼结合						
	始终保持						

任务二　培养优雅的仪态

案例导入

古人云："故始有礼仪之正，方可有心气之正也。"良好的修养是文明礼仪的基础，而一个人的仪态可以说是其内在修养和素质的外在表现。

《史记》中有这样一个故事：有一次，楚人司马季主在长安东市占卜，西汉的中大夫宋忠和博士贾谊一起去见识这位卜者的风采。由于这位学问渊博的卜者在分析天地自然的运行规则、日月星辰的运行法则时侃侃而谈，宋忠和贾谊收获很大、感悟颇多，他们二人听后不由得肃然起敬，于是"猎缨正襟危坐"，把帽子戴正，系好帽带，端正衣襟，恭敬地坐好，以示对这位学者的尊敬。

你从这个故事中得到什么启示？

_____

_____

_____

知识点一　培养正确的站姿

名人名言

相貌的美高于色泽的美，而秀雅合适的动作美，又高于相貌的美，这是美的精华。

——培根

站立是人们生活中最基本的姿势，良好的站姿会使我们看起来稳重、大方、俊美、挺拔。

一、站姿的规范

站姿是优雅举止的基础，不仅要挺拔，而且要优美和典雅，即俗话所说"站如松"，如图3-6和图3-7所示。

图3-6　女士站姿　　　　　　　　图3-7　男士站姿

1. 站立时身体各部位的规范

（1）头部：抬头，颈挺直，下颌微收，嘴唇微闭，双目平视前方，面带微笑。

（2）肩部：双肩放松，男士肩部微微下沉，向两侧伸展；女士肩部微微下沉，向后扣。

（3）脊椎：挺直。

（4）胸部：微微挺起。

（5）腹部：收腹。

（6）腰部：腰背挺直。

（7）臀部：上提。

（8）腿部：并拢立直。

（9）脚跟：并拢，脚尖分开60°，呈"V"字形（女士双脚也可呈"丁"字形）。

（10）手臂：双臂放松，自然下垂于体侧，虎口向前，手指自然弯曲，中指贴裤缝。

（11）整体要求："五点一面"，即后脑勺、双肩、臀部、小腿、后脚跟在一个平面上。

2．基本站姿的肌肉力量

要使身体挺拔，肌肉应当形成三种对抗的力量。

（1）髋部向上提，脚趾抓地。

（2）腹肌、臀肌保持紧张，前后形成夹力。

（3）头顶上悬，肩向下沉，缺一不可。

二、站姿的禁忌

站立是人体最基本的也是最重要的姿态，不良的站姿会影响体内血液循环，可能会压迫内脏，导致消化不良，可导致胃、肺机能变差。反映在形体上，会造成驼背、垂胸、下腹肥胖等情况；反映在仪态上，会给人萎靡不振、暮气沉沉之感。

站立时要注意以下几点。

（1）站立时不要过于随便，驼背、塌腰、耸肩、两眼左右斜视、双腿弯曲或不停颤抖都会影响站姿的美观。

（2）站着与别人谈话时，要面向对方，保持一定距离，太远或太近（特别是对异性）都不礼貌。

（3）正式场合站立时，不可双手插在裤袋里，这样显得过于随意，实在有必要时可单手插入衣袋，但时间不宜过长。

（4）不可双手交叉抱在胸前，这种姿势容易给人傲慢的印象。

（5）不可歪倚斜靠、两腿交叉站立，给人站不直及十分慵懒的感觉。

三、职场中常用站姿

1．女士站姿

（1）第一种双脚呈"V"字形或"丁"字形，双手虎口相交叠放于脐下三指处，手指伸直但不要外翘，上身正直，头正目平，微收下颌，面带微笑。挺胸收腹，腰直肩平，双臂自然下垂，两腿相靠站直，肌肉略有收缩感。在接待宾客时可采用这种站姿，如图3-8所示。

（2）第二种双脚呈"V"字形或"丁"字形，双手虎口相交叠放于腰际，用拇指可以顶到肚脐处，手指伸直但不要外翘，在开业典礼或是颁奖等重大场合中采用这种站姿，如图3-9所示。

（3）第三种双手轻握放在腰际，手指可自然弯曲，与顾客或同事交流时可采用这种站姿，如图3-10所示。

图3-8　女士前腹式1　　　图3-9　女士前腹式2　　　图3-10　女士交谈式

2．男士站姿

（1）第一种基本站姿。双腿并拢或平行不超过肩宽，两手放在身体两侧，手的中指贴于裤缝。这种站姿适合比较庄重严肃的场合。

（2）第二种前腹式。双脚平行不超过肩宽，间距以20cm为宜，左手在腹前握住右手手腕或右手握住左手手腕。这种站姿适合在工作中与顾客或同事交流时使用，如图3-11所示。

（3）第三种后背式。双脚平行不超过肩宽，间距以20cm为宜，双手在背后腰际相握，左手握住右手手腕或右手握住左手手腕。这种站姿适合在迎宾时使用，如图3-12和图3-13所示。

图3-11　男士前腹式　　　图3-12　男士后背式（前）　　　图3-13　男士后背式（后）

四、站姿的训练方法

1．贴墙练习法

背贴墙壁，面朝前，双目平视。要求脚后跟、小腿、臀部、双肩和后脑勺都要紧贴墙壁。要有"立如松"和身体上下处于一个面的感觉。每次练习10～15min。

2．背靠背练习法

进行背靠背站姿训练的两人身高要相仿，背靠背站立。两人的小腿、臀部、双肩和后脑勺都要紧贴。每次练习10～15min。

3．顶书练习法

站直，头顶放置书本，上身和颈部要挺直，收下颌，两膝之间夹一张纸，要求书本和纸不能掉落。站立时要始终坚持微笑，使规范优美的站立姿势与轻松的微笑自然结合起来，以充分体现规范站姿的美感。每次练习10～15min，如图3-14和图3-15所示。

图3-14　顶书练习法1

图3-15　顶书练习法2

4．对镜练习法

面对镜子，检查自己的站姿及整体形象，发现问题及时纠正。

技能训练

训练一：贴墙练习。

分组练习，小组成员互相纠正不良姿态。

训练二：背靠背练习。

两人一组进行背靠背练习，在小腿、臀部、双肩和后脑勺处各放一张纸，练习期间纸张不能掉下，建议播放背景音乐，以缓解疲劳。

训练三：顶书练习。

分组练习，小组成员互相纠正不良姿态。

训练四：对镜练习。

面对镜子，检查自己的站姿及整体形象，发现问题及时纠正。

要求及建议。

（1）练习时女生穿鞋跟4～6cm的船形皮鞋，裙长至膝部以下3～5cm范围的职业套裙；男生穿皮鞋，身着制服。

（2）以上训练每次练习10～15min，建议播放背景音乐，以缓解疲劳。

训练五：站姿展示。

分组进行站姿展示，要求配上背景音乐及解说词。

测一测

1．站姿的整体要求是"五点一面"，即_____、_____、_____、_____、_____在一个平面上。

2．女士常用站姿是前腹式。第一种双脚呈"V"字形或"丁"字形，双手虎口相交叠放于_____，手指伸直但不要外翘，上身正直，头正目平，微收_____，面带_____。挺胸收腹，腰直肩平，双臂自然下垂，两腿相靠站直，肌肉略有收缩感。在_____可采用这种站姿。第二种双脚呈"V"字形或"丁"字形，双手虎口相交叠放于_____，用拇指可以顶到肚脐处，手指伸直但不要外翘，在_____或是_____等重大场合中采用这种站姿。第三种双手轻握放在_____，手指可自然弯曲，与_____交流时可采用这种站姿。

3．男士常用站姿。第一种_____。双腿_____不超过肩宽，两手放在身体两侧，手的中指贴于裤缝。这种站姿适合比较庄重严肃的场合。第二种_____。双脚_____不超过肩宽，间距以20cm为宜，左手在腹前握住右手手腕或右手握住左手手腕。这种站姿适合在_____中与_____或_____交流时使用。第三种_____。双脚平行不超过肩宽，间距以20cm为宜，双手在_____相握，左手握住右手手腕或右手握住左手手腕。这种站姿适合在迎宾时使用。

4．模仿商务场合情境，进行站姿训练。要求穿着制服，每次训练20～30min。

5．每天早读前，请以小组为单位在教学楼各楼层站礼仪岗，热情迎接每位老师和同学的到来，向每一位老师和同学展示自己良好的礼仪形象。

知识点二　拥有端庄的坐姿

坐是举止的主要内容之一，正确的坐姿给人端庄、稳重的印象。坐姿文雅并非是一项简单的技能，坐姿不正确，不但不美观，而且还容易造成驼背、脊柱侧弯等不良影响。优美规范的坐姿基本要求是"坐如钟"，即坐相要像钟那样端正，给人以端庄、大方、自然、稳定的感觉。对于职场人士而言，不论是工作还是休息，坐姿都是其经常采用的姿势之一。

一、坐姿的规范

基本坐姿要求，上体自然坐直，坐满椅子2/3，两肩放松，两腿自然弯曲，双脚平落在地上。男士双膝可稍稍分开，女士的双膝、脚跟必须靠紧；男士两手半握拳放在膝上，女士双手交叉放在膝间。胸微挺，腰要直，目光平视，嘴微闭，面带笑容，大方、自然，如

图3-16和图3-17所示。

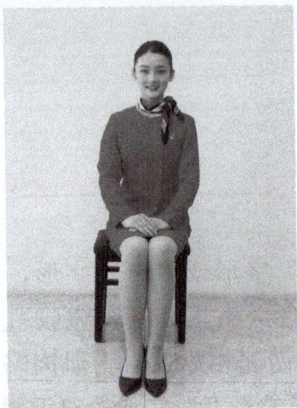

图3-16　女士基本坐姿

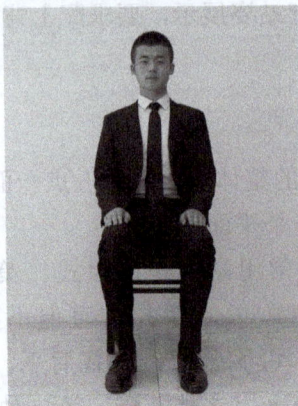

图3-17　男士基本坐姿

二、坐姿的注意事项

1. 入座

（1）注意顺序。出于礼貌，和他人一起入座或同时入座时，要分清尊卑，先请对方入座，自己不要抢先入座。

（2）讲究方位。如果条件允许，在正式场合就座时最好从座椅的左侧接近座位。这样做是一种礼貌，而且也容易就座。

（3）落座无声。入座时，应不慌不忙，悄无声息；调整坐姿不宜出声，体现个人修养。

（4）与人致意。就座时，如果附近坐着熟人，应该主动打招呼。即使不认识，也应该点头示意。在公共场合，要想坐在别人身旁，应征得对方的允许。动作要轻，不要碰响座椅。

（5）入座得法。在别人面前就座，最好背对着自己的座椅，这样就不至于背对着对方。得体的做法是：先侧身走近座椅，背对着站立，右腿后退一点，以小腿确认一下座椅的位置，然后顺势坐下。必要时，用一只手扶着座椅把手。

女士入座时尤要娴雅、文静、柔美，若穿裙子则应轻拢裙摆，以显得端庄、得体。

2. 离座

（1）先有表示。离开座椅时，身边如果有人在座，应该用语言或动作先向对方示意，随后再站起身来。

（2）注意先后。与他人同时离座，要注意起身的先后次序，地位低于对方的，应该稍后离座；地位高于或年龄大于对方时，可先离座；双方身份相似时，可以同时起身离座。

（3）起身缓慢。起身离座时，动作应轻缓，右脚先向后收半步，然后站起，注意动作不要迅猛，不要弄响座椅，或将椅垫、椅罩掉在地上，也不要双手扶腿站起。

（4）站好再走。起身后应站稳后再离座。

（5）从左离开。正式场合最好从左侧离座。

三、坐姿的不良习惯

1．就座时的不良习惯

（1）脊背弯曲，耸肩驼背。

（2）瘫坐在椅子上或前俯后仰，摇腿跷脚，脚跨在椅子或沙发的扶手上，或架在茶几上。

（3）上身趴在桌椅上或本人的大腿上。

（4）双脚大分叉或呈"八"字形，女士就座不可跷二郎腿，要把双膝靠紧。

（5）脱鞋或两鞋在地上蹭来蹭去。

（6）坐下时手中不停地摆弄东西，如头发、戒指、手指等。

2．坐姿中腿的不当表现

（1）双腿叉开过大。双腿如果叉开过大，不论大腿叉开还是小腿叉开，都非常不雅。特别是身穿裙装的女士更不要忽略了这一点。

（2）架腿方式欠妥。架腿的正确方式应当是两条大腿相架，并且一定使两腿并拢。如果把一条小腿架在另一条大腿上，两者之间还留出大大的空隙，就显得非常不雅观。

（3）双腿直伸出去。那样既不雅，也妨碍别人。身前如果有桌子，双腿尽量不要伸到桌子外面。

（4）将腿放在桌椅上。有人为图舒服，喜欢把腿架在高处，甚至抬到身前的桌子或椅子上，这样的行为是非常粗野的。把腿盘在座椅上也不妥。

（5）腿部抖动摇晃。坐在别人面前，反反复复地抖动或摇晃自己的腿部，不仅会让人心烦意乱，而且也给人以极不安稳的印象。

3．坐姿中脚的不当表现

（1）脚尖指向他人。不管具体采用哪一种坐姿，都不要用脚尖指向别人，因为这一做法是非常失礼的。

（2）脚尖高高翘起。坐下后，如以脚部触地，通常不允许以脚跟接触地面，将脚尖翘起。如若双脚都这样，则更是一种不雅行为。

（3）脚蹬踏他物。坐下后脚要自然放在地上，如果用脚在别处乱蹬乱踩，那是非常失礼的。

（4）以脚自脱鞋袜。脱鞋脱袜属于"卧房动作"，在外人面前就座时用脚自脱鞋袜，显然有损形象。

4．坐姿中手的不当表现

（1）手触摸脚部。在就座以后用手抚摸小腿或脚部是极不卫生又不雅观的。

（2）双手抱在腿上。双手抱腿本是一种惬意、放松的休息姿势，但在工作之中是不可取的。

（3）将手夹在腿间。有人坐下来之后，习惯将双手夹在两腿之间，这一动作会令其显得胆怯或害羞。

（4）手部支于桌上。用双肘支在前面的桌上或上身伏在桌上，是对周围的人不礼貌的行为。

四、职场中常用坐姿

1. 女士坐姿

（1）正位坐姿。身体的重心垂直向下，双腿并拢，大腿和小腿成90°，双手虎口相交轻握放在腿上，挺胸直腰，面带微笑，如图3-18所示。

（2）开关式坐姿。身体的重心垂直向下，双膝并拢，左脚前伸、右脚后屈或右脚前伸、左脚后屈，双手虎口相交轻握放在腿上，挺胸直腰，面带微笑，如图3-19所示。

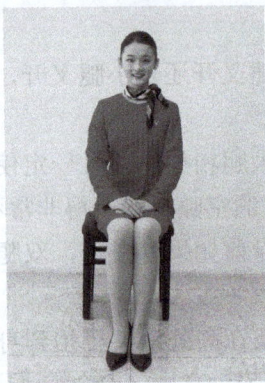

图3-18 女士正位坐姿　　　　　　　图3-19 女士开关式坐姿

（3）侧点式坐姿。身体的重心垂直向下，双腿并拢，大腿和小腿成90°，平行斜放于一侧，双手虎口相交轻握放在腿上，挺胸直腰，面带微笑，如图3-20所示。

（4）侧挂式坐姿。身体的重心垂直向下，双腿并拢，大腿和小腿成90°，平行斜放于一侧，双脚在脚踝处交叉，双手虎口相交轻握放在腿上，挺胸直腰，面带微笑，如图3-21所示。

（5）交叠式坐姿。先将左脚向左踏出45°（或右脚向右踏出），然后将右腿抬起放在左腿上（或左腿置于右腿上），大腿和膝盖紧密重叠，重叠后的双腿没有任何空隙，犹如一条直线，双手虎口相交轻握放在腿上，如图3-22所示。

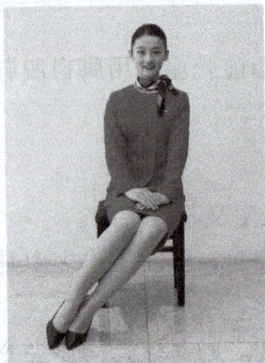

图3-20 女士侧点式坐姿　　　图3-21 女士侧挂式坐姿　　　图3-22 女士交叠式坐姿

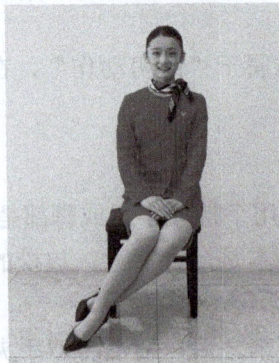

2. 男士坐姿

（1）正位坐姿。身体的重心垂直向下，双腿分开的宽度不要超过肩膀的宽度，两脚保持平行，两手自然放置，如图3-23所示。

（2）开关式坐姿。双膝略开，两小腿前后分开。两脚前后成一列，两手合握置于两腿间或自然放置，如图3-24所示。

（3）前伸式坐姿。两膝关节略开，两腿前伸，双脚在踝关节处交叉，如图3-25所示。

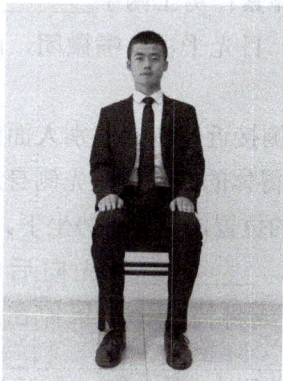

图3-23　男士正位坐姿　　　　图3-24　男士开关式坐姿　　　　图3-25　男士前伸式坐姿

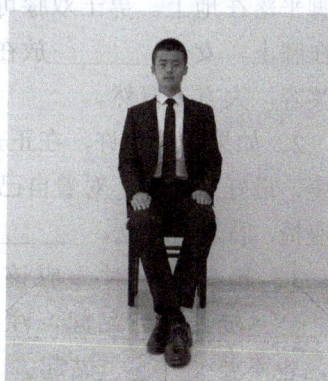

五、坐姿的训练方法

1. 对镜练习法

面对镜子，检查自己的入座、离座及坐姿，发现问题及时纠正。

2. 顶书练习法

坐直，头顶放置书本，上身和颈部要挺直，收下颌，要求书本不能掉落。每次练习10～20min。

技能训练

训练一：基本坐姿练习。

分组练习，每次训练坚持20分钟左右，可配上舒缓的音乐，每4分钟换一种坐姿。

训练二：入座和离座练习。

先对入座和离座动作进行分解练习，熟练后再进行入座、坐、离座的完整动作练习。

训练三：对镜练习。

面对镜子，检查自己的坐姿及整体形象，发现问题及时纠正。

训练四：坐姿展示。

分组进行坐姿展示。

（1）展示内容：入座、离座、常用坐姿展示。

（2）要求：有背景音乐及解说词。

测一测

1．基本坐姿要求，上体自然坐直，坐满椅子的_____，两肩放松，两腿自然弯曲，双脚平落在地上。男士双膝可_____，女士的双膝、脚跟必须靠紧；男士两手_____放在膝上，女士_____放在膝间。胸_____，腰要_____，目光平视，嘴微闭，面带笑容，大方、自然。

2．如果条件允许，在正式场合就座时最好从座椅的_____侧接近座位。在别人面前就座，最好_____对着自己的座椅，这样就不至于背对着对方。得体的做法是：先侧身走近座椅，背对着站立，_____腿后退一点，以小腿确认一下座椅的位置，然后顺势坐下。

3．起身离座时，应该从_____侧离座。动作应轻缓，_____脚先向后收_____步，然后站起，注意动作不要迅猛，不要弄响座椅，或将椅垫、椅罩掉在地上，也不要_____站起。

4．女士在职场中的常用坐姿有_____、_____、_____、_____、_____。

5．男士在职场中的常用坐姿有_____、_____、_____。

6．请简述坐姿规范。

知识点三 展现优美的走姿

走姿是站姿的延续动作，是在站姿的基础上展示人的动态美。无论是在日常生活中还是在社交场合，走路往往是最引人注目的身体语言，也最能表现一个人的风度和活力。走姿美有其独具的特点，即"行如风"，走起路来像风一样轻盈稳健。

一、走姿的规范

1．步态自然

起步时身子稍向前倾，重心落在前脚掌，膝盖伸直；上身基本保持站立的标准姿势，挺胸收腹，腰背笔直；两臂以身体为中心，前后自然摆动，前摆约35°，后摆约15°，手掌朝向身体。

2．步位要直

脚尖向正前方伸出，行走时双脚踩在一条线上。

3．步速平稳

步速平稳显得成熟自信。一般而言，男士每分钟步速为108～110步，女士每分钟步速为118～120步。

4．步幅适度

行走时，两脚间的间距为一只脚的1～1.5倍。

二、走姿的注意事项

1．着装与走姿

着装不同步幅也要有所不同。穿职业套装和皮鞋时，步幅应小些；穿运动服时步幅可大些，显得生动活泼。

2．场合与走姿

走姿要和所处场合相适宜，室内走路要轻而稳，在需要安静的阅览室里要轻而柔，校园散步要轻且缓，集会时步子要轻快等。

3．性别与走姿

（1）女士应头部端正，目光柔和，平视前方，上身自然挺直，收腹挺腰，两腿靠拢而行，步履匀称，自如、轻盈，显示女士端庄文雅的阴柔之美，如图3-26和图3-27所示。

图3-26　女士走姿1

图3-27　女士走姿2

（2）男士应抬头挺胸，收腹直腰，上身平稳，双肩平齐，目光平视前方，步履稳健大方，显示男性刚强雄健的阳刚之美，如图3-28和图3-29所示。

图3-28　男士走姿1

图3-29　男士走姿2

三、走姿的禁忌

1．忌方向不定

在行走时，不要方向不定，忽左忽右。

2．忌瞻前顾后

行走时，不要左顾右盼，反复回头注视身后。

3．忌速度多变

行走时，不能忽快忽慢，或突然快步奔跑，或突然止步不前。

4．忌声响过大

在行走时，用力过猛，脚步声太响，会影响他人。

5．忌八字步态

在行走时，两脚脚尖向内侧伸是内八字，两脚脚尖向外侧伸是外八字，这两种步态都不雅观。

6．忌体态失当

摇头、晃肩、扭臀都是属于体态失当的表现，给人轻浮、缺少教养之感。

四、职场中常用走姿

根据不同的场合和地点，在职场中走姿的使用会有一些差别。

1．后退步

向他人告辞时，应先向后退两三步，再转身离去。退步时，脚要轻擦地面，不可高抬小腿，后退的步幅要小。转体时要先转身体，头稍候再转。

2．侧行步

当走在前面引导来宾时，应尽量走在宾客的左前方。胯部朝向前行的方向，上身稍向右转体，左肩稍前，右肩稍后，侧身向着来宾，与来宾保持两三步的距离。当走在较窄的路面或楼道中与人相遇时，也要采用侧行步，两肩一前一后，并将胸部转向他人，不可将后背转向他人。

3．前行转身步

在行进中要拐弯时，在距离所转方向远侧的一脚落地后，立即以该脚掌为轴，转过全身，然后迈出另一脚。即向左拐，要右脚在前时转身；向右拐，要左脚在前时转身。

4．搀扶帮助步

在进行搀扶帮助时，一只手臂穿过对方的腋下，架着其胳膊，再以另一只手搀扶在其小臂上。用力之处，主要是穿过对方腋下的那只手臂。行走的速度适中，主动配合对方的步速，如果路途较长，要稍作休息。

五、走姿的训练方法

1．行走辅助训练

（1）摆臂：人直立，保持基本站姿。在距离小腹两拳处确定一个点，两手呈半握拳状，斜前方均向此点摆动，由大臂带动小臂。

（2）展膝：保持基本站姿，抬起左脚跟，脚尖不离地面，左脚跟落下的同时，抬起右脚跟，两脚交替进行。脚跟提起的腿屈膝，另一条腿膝部内侧用力绷直。做此动作时，两膝靠拢，内侧摩擦运动。

（3）平衡：行走时，在头上放个小垫子或书本，用左右手轮流扶住，在能够掌握平衡之后，放下手进行练习，注意保持物品不掉下来。通过训练，使背脊、脖子竖直，上半身不随便摇晃。

2．迈步分解动作练习

（1）保持基本站姿，双手叉腰，左腿擦地前点地，与右脚相距一个脚长，右腿直腿蹬地，髋关节迅速前移重心，成右后点地，然后换方向练习。

（2）保持基本站姿，两臂体侧自然下垂。左腿前点地时，右臂移至小腹前的指定位置，左臂向后斜摆，右腿蹬地，重心前移成右后点地时，手臂位置不变，然后换方向练习。

3．行走连续动作训练

（1）左腿屈膝，向上抬起，提腿向正前方迈出，脚跟先落地，经脚心、前脚掌至全脚落地，同时右脚后跟向上慢慢垫起，身体重心移向左腿。

（2）换右腿屈膝，经过与左腿膝盖内侧摩擦向上抬起，勾脚迈出，脚跟先着地，落在左脚前方，两脚间相隔一脚距离。

（3）迈左腿时，右臂在前；迈右腿时，左臂在前。

（4）将以上动作连贯运用，反复练习。

技能训练

行走训练时，要求女士穿西服裙装和半高跟鞋，男士穿皮鞋。

训练一：摆臂练习。

面对镜子，直立身体，以肩为轴，双臂前后自然摆动。注意检查摆动的幅度是否适度，纠正过于僵硬、双臂左右摆动的毛病。

训练二：步位步幅练习。

在地上划一条直线，行走时检查自己的步位和步幅是否规范、合适，纠正外八字、内八字及脚步过大或过小等不良习惯。

训练三：稳定性练习。

每位学生头顶上放置一本书，进行行走训练。行走时要求头正、颈直，以纠正行走时摇头晃脑的毛病。

训练四：协调性练习。

配以节奏感强的音乐，行走时注意掌握好走路的速度、节拍，保持身体平衡，双臂摆动对称，动作协调。

测一测

1. 走路步态要自然，起步时身子_____，重心落在_____，膝盖伸直；上身基本保持站立的标准姿势，挺胸收腹，腰背笔直；两臂以身体为中心，前后自然摆动，前摆约_____，后摆约_____，手掌朝向_____。步位要直，脚尖向正前方伸出，行走时双脚踩在_____。步速平稳显得成熟自信。一般而言，男士每分钟步速为108~110步，女士每分钟步速为118~120步。步幅适度，两脚间的间距为一只脚的_____倍。

2. 着装不同步幅也要有所不同。穿职业套装和皮鞋时，步幅应_____些；穿运动服时，步幅可_____些，显得生动活泼。走姿要和所处场合相适宜，室内走路要轻而稳，在需要安静的阅览室里要轻而柔，校园散步要轻且缓，集会时步子要轻快等。

3. 向他人告辞时，应先向后退_____步，再转身离去。退步时，脚要轻擦地面，不可高抬_____，后退的步幅要_____。转体时要先转_____，_____稍候再转。

4. 当走在前面引导来宾时，应尽量走在宾客的_____前方。胯部朝向_____的方向，上身稍向右转体，左肩稍前，右肩稍后，侧身向着来宾，与来宾保持_____步的距离。当走在较窄的路面或楼道中与人相遇时，也要采用_____步，两肩一前一后，并将胸部转向他人，不可将_____转向他人。

5. 在行进中要拐弯时，在距离所转方向远侧的一脚落地后，立即以该_____为轴，转过全身，然后迈出另一脚。即向左拐，要_____脚在前时转身；向右拐，要_____脚在前时转身。

6. 在进行搀扶帮助时，一只手臂穿过对方的_____，架着其胳膊，再以另一只手搀扶在其_____上。用力之处，主要是穿过对方_____的那只手臂。行走的速度适中，主动配合对方的步速，如果路途较长，要稍作休息。

学习实践

小王是公司的一名员工，请结合以下工作场景进行模拟演练。

（1）手拿资料，从走廊走至办公室。

（2）到部门经理办公室递送工作票据后，后退步离开。

（3）接待一位年事已高且行动不便的客户，将其由前台送至会客厅。

知识点四 掌握美观的蹲姿

在日常生活中，人们对掉在地上的东西，一般习惯弯腰或蹲下将其捡起，而身为职场人员对掉在地上的东西，采用随意弯腰蹲下捡起的姿势是不合适的。

一、蹲姿的规范

职场中，在整理工作环境、给予客人帮助、提供必要服务、捡拾地面物品、自我整理装扮时都需要运用蹲姿，运用蹲姿时应注意如下规范。

（1）下蹲拾物时，应自然、得体、大方，不遮遮掩掩。

（2）下蹲时，两腿合力支撑身体，避免滑倒。

（3）下蹲时，应使头、胸、膝关节在一个角度上，使蹲姿优美。

（4）女士无论采用哪种蹲姿，都要将腿靠紧，臀部向下。

二、蹲姿禁忌

下蹲时应注意以下禁忌。

1. 不要突然下蹲

避免动作过于唐突，毫无征兆地蹲下会显得很粗鲁。

2. 不要距人过近

蹲下时要注意方向和距离，不能与面前的人相距过近，即使是帮助他人捡取物品，也应稍微退后再下蹲。

3. 不要方位失当

下蹲时，方位不要失当，不要在他人正前方或正后方下蹲，最好侧对他人。若用右手捡东西，可以先走到东西的左边，右脚向后退半步再蹲下来。

4. 不要毫无规范

弯腰捡拾物品时，两腿叉开，或臀部向后撅起都是不雅观的姿态；两腿展开平衡下蹲的姿势也是不规范的。

5. 不要蹲着休息

在工作场合若无必要，不应长时间蹲着，更不要蹲着休息，因为长时间蹲着会令制服或工作装产生很多皱褶，影响职业形象。

6. 不要随意滥用

在职场中，不要随意滥用蹲姿，以免给人做作的印象，但与年幼者交谈时要采用蹲姿。

三、职场中常用蹲姿

职场中常用的蹲姿如下。

1. 交叉式蹲姿

在职场中常常会用到蹲姿，如集体合影前排人员需要蹲下时，女士可采用交叉式蹲姿，下蹲时左脚在前，右脚在后，左小腿垂直于地面，全脚着地。右膝由后面伸向左侧，右脚跟抬起，脚掌着地。两腿靠紧，合力支撑身体。臀部向下，上身稍前倾，如图3-30所示。

图3-30　交叉式蹲姿

2. 高低式蹲姿

下蹲时左脚在前，右脚在后，两腿靠紧向下蹲。左脚全脚着地，小腿基本垂直于地面；右脚脚跟提起，脚掌着地。右膝低于左膝，右膝内侧靠于左小腿内侧，形成左高右低的姿态。臀部向下，基本上以右腿支撑身体，如图3-31所示。

男士下蹲时，两腿之间可有适当的距离，如图3-32所示。女士无论采取哪种蹲姿，都要注意将两腿靠紧，臀部向下。特别在着裙装时更要留意，以免尴尬。

图3-31　女士高低式蹲姿

图3-32　男士高低式蹲姿

3. 半跪式蹲姿

半跪式蹲姿又叫作单跪式蹲姿，下蹲时间较长或为了用力方便时使用。这种蹲姿的要求是双腿一蹲一跪。在下蹲后，一腿单膝点地，臀部坐在脚跟上，以脚尖着地；另外一条腿应当全脚着地，小腿垂直于地面。双膝应同时向外，双腿应尽力靠拢。上身挺直，目视前方。

技能训练

训练一：对镜练习。

面对镜子，检查自己的蹲姿及整体形象，发现问题及时纠正。

训练二：日常生活蹲姿练习。

（1）设计集体合影时前排同学需要下蹲的场景，分组练习交叉式蹲姿。

（2）分成两组分别进行拾物和系鞋带的练习，然后分别进行高低式蹲姿的演练。

训练三：工作情境蹲姿训练。

（1）在办公室拾捡掉落的物品。

（2）在接待或服务的过程中与小朋友交谈。

测一测

1．下蹲拾物时，应自然、得体、大方，不遮遮掩掩。应使_____、_____、_____在一个角度上，使蹲姿优美。

2．交叉式蹲姿，下蹲时左脚在前，右脚在后，左小腿_____地面，_____着地。右膝由后面伸向左侧，右脚跟_____，脚掌着地。两腿靠紧，合力支撑身体。臀部向下，上身_____。

3．高低式蹲姿，下蹲时左脚在前，右脚在后，两腿靠紧向下蹲。左脚全脚着地，小腿基本_____地面；右脚脚跟_____，脚掌_____。右膝低于左膝，右膝内侧靠于左小腿内侧，形成左高右低的姿态。臀部向下，基本上以右腿支撑身体。

4．男士下蹲时，两腿之间可_____。女士无论采取哪种蹲姿，都要注意将_____靠紧，_____向下。特别在着裙装时更要留意，以免尴尬。

知识点五 运用标准的鞠躬

鞠躬礼是在生活中对别人表示恭敬的一种礼节，是表示欢迎、尊敬、感谢、致歉时的常用礼节。

一、鞠躬前的规范

施礼前，脱帽、身体直立，目光平视对方；以腰为轴，上体前倾，头颈背呈一条直线，目视对方脚尖或地面，双手放于身体两侧或叠放于体前。

二、鞠躬时的注意事项

1．行礼者的表现

（1）距离适宜。行鞠躬礼一般在距对方2～3m的地方进行。

（2）速度适中。鞠躬时，弯腰的速度适中，之后抬身，上身抬起的速度要比下弯时稍慢一些，以表达真诚的敬意。

（3）手位规范。男士鞠躬时，手放于身体两侧，手掌贴于大腿外侧；女士鞠躬时，双手相握于体前。

（4）脚位准确。行鞠躬礼时，应并拢双腿，脚跟靠拢，脚尖处微微分开。

（5）注视到位。鞠躬时，视线由对方脸上落至自己的脚前0.5～1.5m处，再慢慢抬起，注视对方。

（6）退步让行。若迎面相遇，鞠躬后应向右跨出一步让行。

2．受礼者的表现

受礼者在还礼时应还以鞠躬礼；也可以不鞠躬，欠身点头即可。同时，要注意年幼者或地位较低的人要先鞠躬，且幅度要深一些。

3．错误的鞠躬

（1）只弯头鞠躬。

（2）不看对方的鞠躬。

（3）头部左右晃动的鞠躬。

（4）双腿没有并齐的鞠躬。

（5）驼背式的鞠躬。

（6）可以看到后背的鞠躬。

（7）嘴里吃东西、叼香烟鞠躬。

三、职场中的鞠躬

1．欠身

（1）动作规范。头颈背成一条直线，目视对方，身体稍向前倾。

（2）适用场合。

1）每天与同事第一次见面，应问候、行欠身礼。

2）贵宾经过你的工作岗位时，应问候、行欠身礼。

3）给客人奉茶时，应行欠身礼。

2．15°鞠躬

（1）动作规范。头颈背成一条直线，身体前倾15°，目光约落于体前1.5m处，如图3-33和图3-34所示。

图3-33　女士15°鞠躬　　　　图3-34　男士15°鞠躬

（2）适用场合。

1）在公司内遇到贵宾时，行15°鞠躬礼。

2）领导陪同贵宾到工作岗位检查工作时，起立、问候，行15°鞠躬礼。

3）行走时遇到客人问讯时，应停下、行15°鞠躬礼并礼貌回答。在公司内遇到高层领导时，应问候并行15°鞠躬礼。

3．30°鞠躬

（1）动作规范。头颈背成一条直线，身体前倾30°，目光约落于体前1m处，如图3-35和图3-36所示。

（2）适用场合。

1）在公司大门口、电梯门口、机场、登机口等地方迎接客人时，应问候并行30°鞠躬礼。在会客室迎接客人时，应起立问候，行30°鞠躬礼，待客人入座后再就座。

图3-35 女士30°鞠躬

图3-36 男士30°鞠躬

2）欢送客人时，说"再见"或"欢迎下次再来"，同时行30°鞠躬礼，目送客人离开后再返回。在接受对方帮助表示感谢时，行30°鞠躬礼，并说"谢谢"。

3）给对方造成不便或让对方久等时，行30°鞠躬礼，并说"对不起"。

4）向他人表示慰问或请求他人帮助时，行30°鞠躬礼。

5）前台服务人员接待客人。当客人到达前台2～3m处，应起立、行30°鞠躬礼并微笑问候。

6）楼层服务人员接待客人。当客人出电梯口时，应起立、问候并行30°鞠躬礼，必要时为客人引路、开门。

4．45°鞠躬

（1）动作规范。头颈背成一条直线，身体前倾45°，目光约落于体前0.5m处。

（2）适用场合。

1）在重要活动、重要场合中进行问候时，行45°鞠躬礼。

2）表示非常感谢或深深的歉意时，行45°鞠躬礼。

微课03 形体礼仪1

知识拓展 **鞠躬的起源**

鞠躬起源于我国商代时期的一种祭天仪式——鞠祭。祭品为猪、牛、羊等，人们将其整体弯卷成鞠形，再摆到祭处奉祭，以此来表达祭祀者的恭敬与虔诚。这种习俗一直保持到现在，不少地方逢年过节拜祭祖先天地时，人们还总把整只鸡鸭卷成圆形，或把头尾放在一起，表示头尾相接，这都是由鞠祭演变而来的。人们在现实生活中，逐渐援引这种形式来表达自己对地位崇高者或长辈的崇敬。于是，鞠躬就逐渐演变成了一种礼仪。

技能训练

训练一：对镜练习。

侧身面对镜子，检查自己的鞠躬，发现问题及时纠正。

训练二：服务中的鞠躬练习。

两人一组，设计职场中的场景，互相练习鞠躬，相互指正，并进行展示。

测一测

1. 施礼前，脱帽、身体直立，目光_____对方；以_____为轴，_____前倾，_____呈一条直线，目视对方_____，双手放于_____或_____。

2. 行鞠躬礼一般在距对方_____m的地方进行。

3. 鞠躬时，弯腰的速度适中，之后抬身，_____的速度要比_____时稍慢一些，以表达真诚的敬意。

4. _____鞠躬时，手放身体两侧，手掌贴大腿外侧；_____鞠躬时，双手相握于体前。

5. 行鞠躬礼时，应_____双腿，_____靠拢，_____处微微分开。

知识点六 **运用恰当的手势**

手的魅力并不亚于眼睛，甚至可以说手就是人的第二双眼睛，是传情达意最有力的手段。正确且适当地运用手势，可以增强感情的表达。手势是职场中必不可少的一种体态语言，学习手势语是大有学问的。

一、手势的含义

手势表现的含义非常丰富，表达的感情也非常微妙复杂。手势的含义，或是发出信息，或是表示喜怒哀乐等感情。

一般认为，掌心向上的手势有诚恳、尊重他人的含义；掌心向下的手势意味着不够坦率、缺乏诚意等；攥紧拳头暗示进攻和自卫，也表示愤怒；伸出手指来指点，是要引起他人的注意，含有教训人的意味。人与人进行沟通交流时，如果对方双手自然摊开，表明对方心情轻松，坦诚而无顾忌；如果对方以手支头，表明对方要么对你的话全神贯注，要么十分厌烦；对方用手成"八"字形托住下巴，是沉思的表现；对方用手挠后脑、抓耳垂，表明对方有些羞涩或不知所措；手无目的地乱动，说明对方很紧张，情绪难控；如果不自觉地摸嘴巴、擦眼睛，有说谎之嫌；对方双手相搓，如果不是天冷，就是在表达一种期待；对方与你说话时，双手插于口袋，则显示出没把你放在眼里或不信任。

二、手势的注意事项

1．注意区域性差异

在不同国家、不同地区、不同民族，由于文化习俗的不同，手势的含义也有很大差别，甚至同一手势所表达的内容也各不相同。所以，手势的运用只有合乎规范，才不至于产生误会。

2．注意协调一致

手势和语言的内容要一致，不能让人费解或产生误解。

3．注意速度和高度

手势过快，会给人带来紧张感；手势过高，高过了头顶，有失端庄大方的仪态，手势最高不能超过耳朵。

4．手势宜少不宜多

多余的手势，会给人留下装腔作势、缺乏涵养的感觉。

5．要避免不良手势

在交际活动中，有些手势会让人反感，严重影响形象，如当众搔头皮、掏耳朵、抠鼻子、咬指甲或用手指在桌上乱写乱画等。

当谈到自己的时候，不要用大拇指指自己的鼻头，应用右手按自己的左胸，那样才会显得端庄、大方、可信。介绍他人、为客人指示方向、请客人做某事时，应掌心向上，手指自然并拢，以肘关节为轴标示目标，同时上身稍向前倾，以示敬重，切忌伸出食指来指点。

在职场中若是将一只手或双手插放在自己的口袋中，无论其姿势是否优雅，通常都是不允许的。

三、职场中的常用手势

1．基本手势

规范的手势应当是手掌自然伸直，掌心向内向上，手指并拢，拇指自然稍稍分开，手腕伸直，使手与小臂成一直线，肘关节自然弯曲，大小臂的弯曲以130°～140°为宜。掌心向斜上方，手掌与地面形成45°。

2. 常用服务手势

（1）中位手势（“请”的手势）。

1）横摆式中位手势。迎接来宾做“请进”“请”时常用横摆式。

其动作要领是：右手从腹前抬起向右横摆到身体的右前方。站成右丁字步，或双腿并拢，左手自然下垂或背在身后。头部和上身微向伸出手的一侧倾斜，目视宾客，面带微笑，表现出对宾客的尊重、欢迎，如图3-37所示。

2）曲臂式中位手势。当一只手拿东西，同时又要做出“请”或指示方向时采用。

以右手为例，从身体的右侧前方，由下向上抬起，至上臂离开身体45°的高度时，以肘关节为轴，手臂由体侧向体前的左侧摆动，距离身体20cm处停住。掌心向上，手指尖指向左方，头部随客人由右转向左方，面带微笑，如图3-38所示。

图3-37　横摆式中位手势

图3-38　曲臂式中位手势

3）双臂横摆式中位手势。当举行重大庆典活动时，来宾较多，做“大家请”或指示方向的手势时采用。表示“请”可以动作大一些。

其动作要领是：面向来宾，将双手抬起到腹部，再向两侧摆到身体的侧前方。指向前进方向一侧的手臂应抬高一些、伸直一些，另一只手臂稍低一些、屈一些，如图3-39所示。

若是站在来宾的侧面，则两手从体前抬起，同时向一侧摆动，两臂之间保持一定距离，如图3-40所示。

图3-39　双臂横摆式中位手势1

图3-40　双臂横摆式中位手势2

（2）高位手势——直臂式高位手势。需要给宾客指示方向时或做“请往前走”手势时，采用直臂式。

其动作要领是：将右手由前抬到与肩同高的位置，前臂伸直，用手指向来宾要去的方向，如图3-41和图3-42所示。一般男士使用这个动作较多。注意指引方向时，不可单独使用手指来指示，那样显得不礼貌。

图3-41　高位手势1

图3-42　高位手势2

（3）低位手势。

斜臂式低位手势。请来宾入座做"请坐"手势时，手势应摆向座位的地方。手要先从身体的一侧抬起，到高于腰部后，再向下摆去，使大小臂成一斜线。

其动作要领是：一只手由前抬起，从上向下摆动到距身体45°处，手臂向下形成一斜线，如图3-43所示。

图3-43　低位手势

微课04　形体礼仪2

知识拓展　我国古代见面礼手势

1. 揖礼

拱手行礼，便为揖。揖礼又称拱手礼，是古代宾主、同辈日常见面或辞别时最常见、最流行的礼节。行礼时，身体肃立，双手抱拳，左手在上，手心向下；从胸前向外平推，俯身约30°，起身，同时自然垂手或袖手。揖礼的另一种形式是在正式礼仪场合，如祭礼、冠礼中行的"天揖"，也是对尊长及同族中人行的礼。行礼时身体肃立，双手合抱，左手在上，手心向内；俯身推手时，双手微微向上举高齐额，俯身约60°，起身时自然垂手或袖手。

2. 叉手礼

叉手礼是我国古代平常生活中打招呼的礼仪。这种行礼方式无论男女老幼都可行使，是地位低者向地位高者行的一种礼，以示尊敬。叉手礼多在站立时使用，用于打招呼、安静倾听或者站立回话。行礼时的动作是双手在胸前交叉，左手在外、右手在内，左手握住右手大拇指及手掌根部，右手五指舒展伸直。

3. 抱拳礼

抱拳礼是我国传统礼仪中的一种相见礼。抱拳时，左手为掌，右手为拳，以左手抱右手，自然抱合，松紧适度，拱手，自然于胸前微微晃动，动作不宜过烈、过高。抱拳礼是中华优秀传统文化的一部分，男女之间、关系较疏离的人之间皆适用。现代的抱拳礼多用于武术或者体育运动时的行礼。

技能训练

训练一：对镜练习。

面对镜子，检查自己的各种手势是否规范，发现问题及时纠正。

训练二：设计情境练习。

小组练习，设计生活、工作中的情境练习中位、高位、低位手势，组员互相纠正动作，并进行集体展示。

测一测

1. 规范的手势应当是手掌_____，掌心_____，手指_____，拇指_____，手腕伸直，使手与_____成一直线，肘关节自然弯曲，大小臂的弯曲以_____为宜。掌心向斜上方，手掌与地面形成_____。

2. 迎接来宾做"请进"时常用_____手势。当一只手拿东西，同时又要做出"请"或指示方向时采用_____手势。当举行重大庆典活动，来宾较多，做_____或指示方向的手势时采用双臂横摆式。需要给宾客指示方向时或做_____手势时，也常用直臂式手势。对来宾表示"请坐"时，常用_____手势，手势应摆向座位的地方。

3. 春运期间，由于旅客量大增，机场根据实际需要，在航站楼增加了地面服务人员，为旅客出行提供帮助。这时有一位旅客因携带酒水，不能在值机柜台办理常规托运，你作为地面服务人员，请引导旅客前行20m后向右转，再前行10m左转至超规行李托运处办理托运。

4. 以接待来访客人并带领客人参观企业为情境，训练服务手势，要求穿着制服练习，每次训练20～30分钟。

知识点七　规范的递接物品

递物与接物是日常工作与生活中一个小小的举止动作，却能给人留下难忘的印象。

一、递物、接物的原则

尊重对方、双方互视，双手递物，双手接物。

二、递物的规范

（1）递给他人的物品，应直接交到对方手中为好。不到万不得已，最好不要将所递的物品放在别处。

（2）应主动上前，若双方相距过远，递物者主动走近接物者，递物时须用双手，表示对对方的尊重。不方便双手并用时，也要采用右手，以左手递物被视为失礼之举。

（3）应当为对方留出便于接取物品的地方，不要让其感到接物时无从下手。

（4）在将带有文字的物品递交给他人时，还要使之正面朝向对方。

（5）招待客人用茶时，往往一手握茶杯把儿或扶杯壁，一手托杯底；递笔、刀、剪之类尖利的物品时，合乎礼仪的做法是将尖端朝向自己握在手中，或是朝向他处，而不要指向对方。

三、接物的规范

（1）应当目视对方，而不要只注视物品。

（2）一定要用双手或右手接物，绝不能单用左手。

（3）应向对方致意或道谢。

（4）必要时，应当起身而立，并主动走近对方。

（5）当对方递过物品时，再伸手前去接取，切勿急不可待地直接从对方手中抢取物品。

技能训练

训练一：递物、接物动作练习。

两人一组，互相练习递物动作，发现问题互相指正。

递物方：基本站姿，双手托物状，大臂紧贴身体，小臂与地面平行，手心向上，五指并拢，微笑地目视对方，然后保持后背直立，上体略前倾，递出物品，同时说"这是您的书，给您！"

接物方：基本站姿或起身，保持微笑，目视对方，双手接过物品同时说"谢谢"。

训练二：情境模拟练习。

分组自行设计工作或生活中的情境，练习递接物品。

测一测

1．递物时应_____上前，若双方相距过远，递物者主动走近接物者，递物时须用_____，表示对对方的尊重。不方便双手并用时，也要采用_____手，以_____手递物被视为失礼之举。

2．在将带有文字的物品递交给他人时，要使之_____朝向对方。招待客人用茶时，往往一手握茶杯把儿或扶杯壁，一手托_____；递笔、刀、剪之类尖利的物品时，合乎礼仪的做法是将尖端朝向_____握在手中，或是朝向他处，而不要指向_____。

3．接物时一定要用_____手或_____手，绝不能单用_____手。必要时，应当起身而立，并主动走近对方。

4．查找有关资料，了解为什么不能用左手递接物品。

学习实践

将学生分成若干小组，各小组自行确定模拟场景，并进行角色扮演，重点对以下形体礼仪进行训练。

1．握手礼仪。训练规范、熟练、自然优美的握手礼。

2．鞠躬礼仪。训练根据不同的受礼对象和场合进行不同深度的鞠躬礼，要注重站姿规范、手位恰当、腰部为轴、表情符合场合等要点。

3．手势礼仪。模拟引领宾客进门、引领宾客前行、引领宾客入座、向客人介绍与展示高出某物等情境中的手势礼仪。

成果评价

结合学习实践填写表3-2，对仪态举止训练进行评价，并在相应的等级中画"√"。

表3-2　仪态举止训练评价表

评价内容	😄		😐		☹	
	学生评	教师评	学生评	教师评	学生评	教师评
握手礼仪规范						
鞠躬礼仪规范						
手势礼仪规范						

项目四　提供热情周到的接待

项目四

学习目标

- 了解日常接待的原则和要求。
- 能够熟练运用致意、握手、介绍、名片、语言、电话礼仪，提供热情周到的接待。
- 在日常接待中展示出自身的素质修养。

任务一　打造完美的第一印象

案例导入

　　有一位心理学家曾做过一个实验：把被试者分为两组，并给他们看同一张照片。心理学家对甲组说：这是一位屡教不改的罪犯；对乙组说：这是一位著名的科学家。看完后让两组被试者根据这个人的外貌来分析其性格特征。结果甲组说：深陷的眼窝隐藏着险恶，高耸的额头表明了他死不改悔的决心；而乙组却说：深沉的目光表明他思维深邃，高耸的额头代表着科学家探索的意志。

　　仔细想一想，为何两组人的描述产生了如此大的差别？

_____

_____

_____

知识点一　掌握优雅的致意礼仪

　　致意是一种用非语言方式表示问候的礼节，也是最为常用的礼节，它表示问候、尊敬之意。通常用于相识的或有一面之交的人之间在公共场合或间距较远时表达心意。致意时应该诚心诚意，表情自然、和善。若毫无表情或精神萎靡不振，则会给人以敷衍了事的感觉。

一、致意的礼规

　　致意要讲究先后顺序。通常应遵循以下原则：年轻者先向年长者致意，学生先向老师致意，男士先向女士致意，下级先向上级致意。

　　向他人致意时，往往可以多种形式同时使用，如点头与微笑并用，起立与欠身并用。致意时应大方、文雅，一般不要在致意的同时向对方高声喊叫，以免妨碍他人。如遇对方先向自己致意，应以同样的方式回敬，不可视而不见。

二、致意的方式

　　致意的方式是多种多样的，如微笑、点头、举手、欠身、脱帽等。

1．微笑致意

　　微笑致意适用于在同一地点，与相识者或只有一面之交者彼此距离较近但不适宜交谈或无法交谈的场合。微笑致意可以不做其他动作，只是两唇轻轻示意，不必出声，即可表达友善之意。微笑如与点头示意结合使用，效果更佳。

2．点头致意

　　点头（也称颔首礼）也是一种致意方法，它适用于在一些公众场合与熟人相遇又不便交谈时、在同一场合多次见面时、路遇熟人时等情况。点头时要面带微笑，目视对方，轻轻点一下头即可。行点头礼时，不宜戴帽子，如图4-1所示。

3．举手致意

　　举手致意的场合与点头致意的场合大体相同，是与距离较远的熟人打招呼的一种方式。正确的做法是：伸出手臂，屈肘，掌心朝向对方，四指并拢，拇指叉开，轻轻向左右摆动一两下即可，如图4-2所示。

图4-1　点头致意　　　　　　图4-2　举手致意

4．欠身致意

　　欠身致意是指上半身微微一躬，同时点头，是一种恭敬的致意礼节，多使用于向长辈或自己尊敬的人致意。运用这种致意方式时，要注意身子不要过于弯曲。

5．起立致意

　　在较正式的场合里，有长者、尊者要到来或离去时，在场者应起立表示致意。如长者、尊者来访，在场者应起立表示欢迎，待来访者落座后自己才可坐下；如长者、尊者离去，待他们离开后才可落座。

6. 脱帽致意

脱帽致意是在戴帽子进入他人居室、路遇熟人、与人交谈、升降国旗、演奏国歌等情况下应行的致意礼。脱帽致意应微微额首欠身，用距离对方稍远的那只手脱帽，将其置于大约与肩平行的位置，以使姿势得体、优雅，同时便于与对方交换目光。脱帽致意时，另一只手不能插在口袋里。需要注意的是，坐着时不宜脱帽致意。

知识拓展　点头致意与"式"礼

我国古代有一种礼叫"式"，常见于历史文献当中，起源于先秦时期。当时的马车前面有一根横杆，称作"轼"，供乘车人手扶，以保持身体平衡。由于古时路况不好，而且乘车方式都是立乘，也就是站在车上，当遇到车辆加快速度或路面过于颠簸时，很容易摔出车外，因此人们往往"凭轼而立"。除保持身体平衡功能之外，轼还可以供乘车者跷足远瞻，宋代文学家苏轼取字子瞻正用此义。因"轼"而生的"式"礼，是在乘车者驾车返乡，或途中遇到尊者、贤者，都要凭轼垂首，点头示意，表示因车行迅疾，不便行礼，以此表达尊敬之意。《史记》中记载，魏文侯虽然贵为一国之君，但每次经过贤士段干木的居所时，都要行式礼，以示尊贤之心，在当时被传为美谈。

技能训练

训练一：面对面练习。

两人一组，面对面练习微笑致意、点头致意、举手致意、欠身致意、起立致意、脱帽致意，互相评议纠正不足。

训练二：设计情境练习。

小组练习，结合问候、鞠躬一同练习。要求注意身体、语言的协调运用，并进行展示。

测一测

1. 致意要讲究先后顺序。通常应遵循以下原则：_____
_____。

2. 判断题

（1）点头致意可以用于在同一地点与一面之交的人之间。　　　　　　　（　　）

（2）欠身致意时上半身要呈鞠躬姿势，表示尊敬。　　　　　　　　　　（　　）

（3）脱帽致意的同时应微微额首欠身。　　　　　　　　　　　　　　　（　　）

知识点二 掌握正确的握手礼仪

握手在许多国家已成为一种习以为常的礼节。通常，与人初次见面、熟人久别重逢、告辞或送行均以握手表示自己的情感，这是最常见的一种见面礼、告别礼。有时在一些特殊场合，如向人表示祝贺、感谢、慰问，或双方交谈中出现了令人满意的共同点时，或双方原先的矛盾出现了良好的转机或彻底和解时，习惯上也以握手为礼。

一、握手的顺序

握手的顺序应根据握手双方的社会地位、年龄、性别和宾主身份来确定，即上级、长辈、女士、主人主动伸出手，下属、晚辈、男士、客人再相迎握手，如图4-3和图4-4所示。

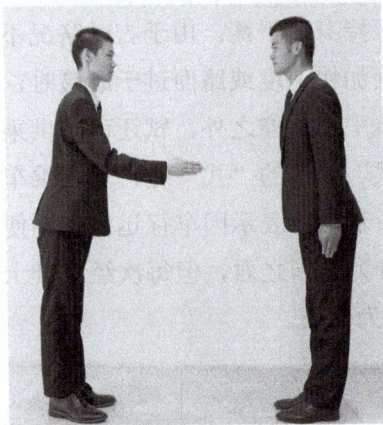

图4-3 握手1

图4-4 握手2

二、握手的方式

握手的标准方式是行礼时行至距离握手对象约1m处，双腿立正，上身略向前倾，伸出右手，四指并拢，拇指张开与对方相握。握手时应用力适度，上下稍许晃动三四次，随后松开手恢复原状。

具体来说，握手时应注意以下几方面问题。

1. 神态

与人握手时，理当神态专注，热情、友好、自然。在通常情况下，与人握手时，应面含笑意，目视对方双眼，同时施以问候。

在握手时，切勿显得三心二意，敷衍了事，漫不经心，傲慢冷淡。如果迟迟不握他人早已伸出的手，或是一边握手，一边东张西望，目中无人，甚至忙于跟其他人打招呼，都是极其不礼貌的行为。

2. 姿势

向他人行握手礼时，只要有可能，就应起身站立。除非是长辈或女士，坐着与人握手是不合适的。

握手之时，双方彼此之间的最佳距离为1m左右，因此握手时双方均应主动向对方靠拢。若双方距离过大，显得像是一方有意讨好或冷落一方。若双方握手时距离过小，手臂难以伸直，也不大好看。

最好的做法是双方将要相握的手各向侧下方伸出，伸直相握后形成一个直角。

3．手位

在握手时，手的位置至关重要。常见的手位有如下两种。

（1）单手相握。以右手单手与人相握，是最常用的握手方式。单手与人相握时，手掌垂直于地面最为适当，它被称为平等式握手，表示自己不卑不亢。与人握手时掌心向上，表示自己谦恭、谨慎，这一方式被称为友善式握手。与人握手时掌心向下，则表示自己感觉甚佳，自高自大，这一方式称为控制式握手。

（2）双手相握。双手相握，即用右手握住对方右手后，再以左手握住对方右手的手背。这种方式适用于亲朋故旧之间，可用以表达自己的深厚情谊。一般而言，此种方式的握手不适用于初识者与异性，因为它有可能被理解为讨好或失态。这一方式有时也称为手套式握手。

双手相握时，左手除握住对方右手手背外，还有人握住对方右手手腕、握住对方右手手臂、按住或拥住对方右肩，这些做法除非是面对至交，否则不要滥用。

4．力度

握手之时，为了向交往对象表示热情友好，应当稍许用力。与亲朋故旧握手时，所用的力量可以稍为大一些；而在与异性以及初次相识者握手时，则千万不可用力过猛。

总之，在与人握手时，不可以毫不用力，不然就会使对方感到缺乏热忱与朝气，但也不宜在握手时用大力、使大劲儿。

5．时间

在一般情况下，与他人握手的时间不宜过短或过长。大体来讲，握手的全部时间应控制在3秒钟以内，握一两下即可。

握手时两手稍触即分，时间过短，会让人觉得不被重视；而与他人握手时间过久，尤其是拉住异性或初次见面者的手长久不放，则显得有些虚情假意，甚至会被认为不怀好意。

三、握手的禁忌

在人际交往中，握手虽然司空见惯，看似寻常，但是由于它可被用来传递多种信息，因此在握手时应努力做到合乎规范，并且避免下述禁忌。

（1）一忌不讲先后顺序，抢先出手。

（2）二忌目光游移，漫不经心。

（3）三忌不摘手套、墨镜，自视高傲。

（4）四忌掌心向下，目中无人。

（5）五忌用力不当，鲁莽或敷衍了事。

（6）六忌左手相握，有悖习俗。

（7）七忌交叉握手，形成"十字"，有不尊重他人之嫌。

（8）八忌握时过长，让人无所适从。

（9）九忌滥用"双握式"，令人尴尬。

（10）十忌"死鱼"式握手，轻慢冷漠。

（11）十一忌使用出汗的手或冰冷的手。

微课05 握手礼的规范

知识拓展一 握手礼的起源

说法一：战争期间，骑士们都穿盔甲，除两只眼睛外，全身都包裹在铁甲里，随时准备冲向敌人。如果表示友好，互相走近时就脱去右手的甲胄，伸出右手，表示没有武器，互相握手言好。后来，这种友好的表示方式流传到民间，就成了握手礼。当今行握手礼也都是不戴手套，朋友或互不相识的人初识、再见时先脱去手套，才能施握手礼，以示对对方尊重。

说法二：握手礼来源于原始社会。早在远古时代，人们以狩猎为生，如果遇到素不相识的人，为了表示友好，就赶紧扔掉手里的打猎工具，并且摊开手掌让对方看看，示意手里没有藏东西。后来，这个动作被武士们学到了，他们为了表示友谊，不再互相争斗，就互相摸一下对方的手掌，表示手中没有武器。随着时代的变迁，这个动作就逐渐形成了现在的握手礼。握手是日常生活中最常用到的礼节。

知识拓展二 拱手礼

拱手礼，又称"作揖"，是我国古代同辈人相见，或表示感谢时常用的一种礼节。行礼时，双手互握合于胸前。现代人一般右手握拳在内，左手在外；若为丧事行拱手礼，则正好相反。究其原因，一说古人以左为敬，又说右手常被用来进行攻击。所以拱手时，左手在外，以左示人，表示真诚与尊敬。拱手礼自西周时便已出现，距今已有两三千年的历史。古人通过拱手作揖，以自谦的方式表达对他人的敬意，与西方人喜欢贴面等亲近举动示好有所区别。"距离产生美"，拱手礼为双方提供了舒适的距离，也较为符合现代卫生的要求。所以很多礼学专家都认为，拱手礼不仅是最能体现我国人文精神的见面礼节，而且也是最恰当的一种交往礼仪。

技能训练

训练一：握手礼分解动作练习。

每两人一组，相对站立，跨上一步，伸出右手，握手，微笑并问候。

训练二：分角色握手。

把不同角色身份写在纸条上，由学生随机抽取，根据角色，设计不同的情景练习握手礼。每组进行不同情景的展示及角色扮演。角色包括上级与下级、年长者与年幼者、长辈与晚辈、女士与男士、已婚者与未婚者、客人先至者与后到者等。

测一测

1．握手的标准方式是_____。
2．握手时应加以注意的问题有_____、_____、_____、_____、_____。

知识点三　运用正确的介绍礼仪

介绍是人们相互认识、彼此建立友谊的一种社交方式。在人际交往中，无论是采用自我介绍的方式，还是他人介绍的方式，都应遵守必要的礼节。

一、介绍的分类

在与人交往中，人们往往需要首先向交往对象具体说明自己的情况，即介绍。介绍一般可分为三种，即介绍自己、介绍他人、介绍集体。

1．介绍自己

自我介绍绝对不可缺少。自我介绍是指在必要的社交场合，把自己展现给其他人，以使对方认识自己。恰当的自我介绍，不但能增进他人对自己的了解，还能创造出意料之外的契机。

进行自我介绍，应注意三点：其一，先递名片；其二，介绍简短；其三，内容完整。一般而言，正式的自我介绍中，姓名、单位、部门、职务缺一不可。

（1）姓名。应当一口报出，不可有姓无名，或有名无姓。

（2）单位。供职的单位及部门，如可能最好全部报出，具体工作部门有时可以暂不报出。

（3）职务。报出职务或从事的具体工作。有职务的最好报出职务，职务较低或者无职务的，则可报出目前所从事的具体工作。例如，可以说"我叫唐里，负责天秦广告公司的公关宣传工作"。

2．介绍他人

（1）介绍人的选择。一般而言，家里来了客人，女主人就是介绍人；单位来了客人，一般是专职人员，如公关人员、文秘等担当介绍人；如果来了重要客人，应由本单位的最高领导担任介绍人，表示对重要客人的尊重，如图4-5所示。

图4-5 介绍他人

（2）介绍他人的先后顺序。介绍他人时一般遵循"先卑后尊"的原则。为他人作介绍的商务礼仪顺序大致有以下几种。

1）介绍上级与下级认识时，先介绍下级，后介绍上级。

2）介绍长辈与晚辈认识时，应先介绍晚辈，后介绍长辈。

3）介绍年长者与年幼者认识时，应先介绍年幼者，后介绍年长者。

4）介绍女士与男士认识时，应先介绍男士，后介绍女士。

5）介绍已婚者与未婚者认识时，应先介绍未婚者，后介绍已婚者。

6）介绍同事、朋友与家人认识时，应先介绍家人，后介绍同事、朋友。

7）介绍来宾与主人认识时，应先介绍主人，后介绍来宾。

8）介绍与会先到者与后来者认识时，应先介绍后来者，后介绍先到者。

3．介绍集体

介绍集体一般用在被介绍一方或双方不止一人时，实际上是介绍他人的一种特殊的情况。鉴于此，上述介绍他人的基本规则是可以使用的。其基本规则是：介绍双方时，先卑后尊。

二、介绍的姿势

作为介绍人在为他人作介绍时，态度要热情友好，语言要清晰简洁。在介绍一方时，应微笑着用自己的视线把另一方的注意力吸引过来。手的正确姿势是掌心向上，胳膊略向外伸，指向被介绍者，但介绍人不能用手拍被介绍人的肩、胳膊或后背等部位，更不能用食指或拇指指向被介绍的任何一方。

三、介绍人的陈述

介绍人在作介绍时要先向双方打招呼，使双方有思想准备。介绍人的介绍语言要简明扼要，并应使用敬辞。在较为正式的场合，可以说"尊敬的李先生，请允许我向您介绍一下……"或说"王总，这就是我和你常提起的晏博士"。在介绍中要避免过分赞扬某个人，不要给人留下厚此薄彼的感觉。

在介绍别人时，切忌把复姓当作单姓，常见的复姓有"欧阳""司马""司徒""上官""诸葛""西门"等，切忌不要把"欧阳明"称为"欧先生"。当介绍人为双方介绍后，被介绍人应向对方点头致意或行握手礼，并以"您好""很高兴认识您"等友善的语句问候对方，表现出结识对方的诚意。介绍人在介绍后不要随即离开，应给双方交谈提示话题，可有选择地介绍双方的共同点，如相似的经历、共同的爱好或相关的职业等，待双方进入话题后再去招呼其他客人。当两位客人正在交谈时，切勿立即给其中一方介绍另外的客人。

微课06　介绍礼仪

知识拓展　中国古代礼节——冠礼

冠礼是我国古代男子到一定年龄时所举行的一种头发加冠的极为隆重的礼节，它属于古代"五礼"（吉礼、嘉礼、宾礼、军礼、凶礼）中的"嘉礼"。

冠礼可分为三个步骤。

（1）卜筮，就是冠礼举行之前事先卜筮举行冠礼的时间和举行冠礼时所应邀请的来宾。

（2）挽髻，是加冠的准备工作。

（3）加冠，由来宾中有威望的人进行。首先加布缁冠，即用黑麻布做成的帽子；其次加皮弁冠，即用白鹿皮做的帽子，大多缀饰有玉，尖尖的冠顶常用象骨制成；最后加爵弁冠，也称雀弃冠，这是仅次于冕的一种帽子。

以上为一般士人的冠礼，其冠为三加；若是诸侯的冠礼，其冠则为四加（四加玄冕）；若是天子的冠礼，其冠则为五加（五加衮冕）。

冠礼完成后，表示孩子已长大成人，此后他不仅可以服兵役，参加祭祀和出仕做官，而且可以娶妻，成家立业，生儿育女。

技能训练

训练一：自我介绍。

每人准备一份200字左右的自我介绍材料，面对全班同学进行自我介绍。要求身体姿态大方、自然，声音洪亮，内容得体。

训练二：情景练习。

（1）你与长辈外出，路遇你的朋友，而长辈不认识。请你来为他们作介绍。

（2）朋友到家拜访，请你为他与你的父母之间作介绍。

测一测

1．介绍分为＿＿＿＿＿＿、＿＿＿＿＿＿、＿＿＿＿＿＿。

2．介绍他人时，先后顺序的标准是：＿＿＿＿＿＿＿＿＿＿＿＿＿＿＿＿。

3．多项选择题

介绍人在介绍时要遵循的一般礼仪包括（　　）。

A．需要向双方都打招呼

B．可以手拍被介绍人的肩膀以示亲密

C．介绍过程中要避免过分赞扬某个人

D．介绍人在介绍完双方身份后应为双方交谈提示话题

知识点四　掌握规范的名片礼仪

名片是我国古代文明的产物。据清代学者赵翼在其著作《陔馀丛考》中记载："古人通名，本用削本书字，汉时谓之谒，汉末谓之刺，汉以后则虽用纸，而仍相沿曰刺"。可见，名片的前身即我国古代所用的"谒""刺"。名片发展至今，已是现代人交往中一种必不可少的联络工具，成为具有一定社会性、广泛性，便于携带、使用、保存和查阅的信息载体之一。人们在各种场合与他人进行交际应酬时，都离不开名片的使用。而名片的使用是否正确，已成为影响人际交往成功与否的一个因素。

要正确使用名片，就要对名片的类别、用途和交换等内容予以充分的了解，遵守相应的规范和惯例。

一、名片的类别

根据名片用途、内容及使用场合的不同，人们在日常生活中使用的名片可以分为社交名片和公务名片两类。在不同的场合，根据不同的需要，面对不同的交往对象时，应当使用不同的名片。

1．社交名片

社交名片，也称私用名片，指的是人们在工作之余，以私人身份在社交场合进行交际应酬时所使用的名片。一般而言，社交名片为个人名片。

社交名片的基本内容包括两个部分：一是本人姓名，以大号字体印在名片正中央。姓名之后无须添加任何公务性头衔。二是联络方式，以较小字体印在名片右下方。具体内容包括家庭住址、邮政编码、电话号码、电子邮箱等。

社交名片只用于社交场合，通常与公务无关，因此一般不印工作单位及行政职务，以

示"公私有别"。

如果不喜欢被外界打扰，则可根据具体情况对自己的联络方式有所删减，如可删除住宅电话一项。必要时，可以不印任何联络方式，而仅留姓名一项内容。

2．公务名片

公务名片，是指在政府交往、公司交往、学术交往中，处理公务时用的名片。值得注意的是，身边如果没有公务名片，可用社交名片代替。但如果没有社交名片，则不能用公务名片代替。可见，公务名片有着很强的公务性规范。

一张标准的公务名片，按惯例应由具体归属、本人称呼、联络方式等三项基本内容构成。

（1）具体归属。它由本人供职的单位、所在的部门等内容组成，均应采用正式的全称。但一张名片上所列的单位或部门不宜多于两个。如果确实有两个以上的供职单位和部门，或同时承担着不同的社会职务，则应分别印制不同的名片，并根据交往对象、交际内容的不同分发不同的名片。

（2）本人称呼。它应由本人姓名、行政职务、技术职务、学术头衔等几个部分构成。但后面两项内容，尤其学术头衔往往可有可无。名片上所列的行政职务一般不宜多于两个，且应与同一名片上的具体归属相对应。

（3）联络方式。它通常由单位地址、邮政编码、办公电话等内容构成，家庭住址、住宅电话、手机号码不宜列出。至于传真号码、电子邮箱等内容则应根据具体情况决定是否印于其上。单位的联络方式同样应与同一名片上所列的具体归属相对应。

上述三项内容既要完整无缺，又要排列美观。通常，具体归属与联络方式应以大小相似的小号字体分别印于名片的左上角与右下角；本人姓名应以大号字体印于名片正中央；职务头衔则应以较小字体印于姓名的右侧。

二、名片的用途

在现实生活中，名片是一种不可或缺的交往工具。名片的基本用途有如下几种。

1．常规用途

（1）介绍自己。初次与交往对象见面时，除了必要的口头自我介绍外，还可以用名片作为辅助的介绍工具。这样不仅能向对方明确身份，还可以节省时间，强化效果。

（2）结交他人。在人际交往中，如欲结识某人，往往可以用本人名片表示结交之意。因为主动递交名片给初识之人，既意味着信任友好，又暗含"可以交个朋友吗？"之意。在这种情况下，对方一般会"礼尚往来"，将其名片也递过来，从而完成双方结识交往的第一步。

（3）保持联系。大多数名片都有一定的联络方式印在其上，利用他人在名片上提供的联络方式，可与对方取得并保持联系，促进交往。

（4）通报变更。人们如果变换了单位、调整了职务、改动了电话号码或者乔迁新居，都会重新制作自己的名片。向惯常的交往对象递交新名片，就能把本人的最新情况通报给对方，以一种更简单的方式避免联系上的失误。

2．特殊用途

在社交场合，尤其是国际社交场合，人们往往以名片代替一封简洁的信函使用，此即名片的特殊用途。具体做法是：在社交名片的左下角写上一行字或一句短语，然后塞进信封寄交他人。如果是本人亲自递交或托人带给他人，要用铅笔书写；如果采用邮寄方式，则应用钢笔书写。

三、名片的交换

名片的交换是名片礼仪中的核心内容。如何交换名片，往往是个人修养的一种反映，也是对交往对象尊重与否的直接体现。因此，交换名片务必要遵守相应的规范。

1．携带名片

参加正式的交际活动之前，都应随身携带自己的名片，以备交往之用。名片的携带应注意以下三点。

（1）足量适用。携带的名片一定要数量充足，确保够用。所带名片要分门别类，根据不同交往对象使用不同名片。

（2）完好无损。名片要保持干净整洁，切不可出现折皱、破烂、肮脏、污损、涂改等情况。

（3）放置到位。名片应统一置于名片夹、公文包或上衣口袋内，在办公室时还可放于名片架或办公桌内。切不可随便放在钱包、裤袋内。放置名片的位置要固定，以免需要名片时东找西寻，显得毫无准备。

2．发送名片

在发送名片时，要注意以下几个要点。

（1）观察意愿。通常名片要在交往双方均有结识对方并欲建立联系的意愿前提下发送。这种愿望往往会通过"幸会""认识你很高兴"等一类谦语以及表情、体态等非语言符号体现出来。如果双方或一方没有这种愿望，则无须发送名片，否则会有故意炫耀、强加于人之嫌。

（2）把握时机。发送名片要掌握适宜时机，只有在确有必要时发送名片，才会令名片发挥功效。发送名片一般应选择初识之际或分别之时，不宜过早或过迟。不要在用餐、观剧、跳舞之时发送名片，也不要在大庭广众之下向多位陌生人发送名片。

（3）讲究顺序。双方交换名片时，应当首先由地位较低者向地位较高者发送名片，再由后者回复前者。但在多人之间递交名片时，不宜以职务高低决定发送顺序，切勿跳跃式进行发送，甚至遗漏其中某些人。最佳方法是由近而远、按顺时针或逆时针方向依次发送。

（4）先打招呼。递上名片前，应当先向接受名片者打招呼，令对方有所准备。既可先作一下自我介绍，也可以说"对不起，请稍候""可否交换一下名片"之类的提示语。

（5）表现谦恭。对于发送名片这一过程，应当表现得郑重其事。要起身站立主动走向对方，面含微笑，上体前倾15°左右，以双手持握名片，举至胸前，并将名片正面面对对方，同时说"请多多指教""欢迎前来拜访"等礼节性用语。切勿以左手持握名片。发送名片的整个过程应当谦逊有礼，郑重大方。

3. 接受名片

接受他人名片时，主要应当做好以下几点。

（1）态度谦和。接受他人名片时，不论有多忙，都要暂停手中一切事情，并起身站立相迎，面含微笑，双手接过名片。双手不便时可用右手，但不得使用左手。

（2）认真阅读。接过名片后，先向对方致谢，然后要认真查看名片上的内容，对对方的姓名、职务、头衔等可轻读出声，以示尊重和敬佩。若对对方名片上的内容有所不明，可当场请教对方。

（3）精心存放。接到他人名片后，切勿将其乱丢乱放、乱揉乱折，而应将其谨慎地置于名片夹、公文包、办公桌或上衣口袋内，且应与本人名片区别放置。

（4）有来有往。接受了他人的名片后，一般应当即刻回赠给对方一张自己的名片。没有名片、名片用完或者忘带名片时，应向对方做出合理解释并致以歉意，切莫毫无反应。

4. 索要名片

依照惯例，最好不要直接开口向他人索要名片。但若想主动结识对方或者有其他原因有必要索取对方名片时，可采取下列办法。

（1）互换法，即以名片换名片。在主动递上自己的名片后，对方按常理会回给自己一张他的名片。如果担心对方不回送，可在递上名片时明言此意："能否有幸与您交换一下名片？"

（2）暗示法，即用含蓄的语言暗示对方。例如，向尊长索要名片时可说："请问今后如何向您请教？"向平辈或晚辈表达此意时可说："请问今后怎样与您联络？"

面对他人的索取，不应直接加以拒绝。如确有必要这么做，则需注意分寸。最好向对方表示自己的名片刚用完，或说自己忘了带名片。但若自己手里正拿着名片或刚与他人交换过名片，显然不说为妙。

微课07　名片礼仪

知识拓展　名片的起源

名片最早出现于封建社会。秦始皇统一六国后，统一了全国文字，分封了诸侯王。咸阳成了全国的中心，各路诸侯王每隔一定时间就要进京述职，诸侯王为了加强与朝廷的联系，于是开始出现了名片的早期形态"谒"。所谓"谒"，就是拜访者把名字和其他介绍文字写在竹片或木片上（当时纸张还没发明），作为给被拜访者的见面介绍文书，也就是现在的名片。东汉时，谒又称名刺。在挖掘的汉墓中发现，这种谒或名刺，系木简，长22.5cm，宽7cm。上有执名刺者名字，还有籍贯，与今名片大抵相似。

至唐代，木简名刺改为名纸。晚唐又唤作门状、门启，都是自报家门的一种联络方式。宋代的名纸还留有主人的手迹。元代易名刺为"拜帖"，明清时又称"名帖""片子"。内容也有改进，除自报姓名、籍贯外，还书写了官职。

到了明代，统治者沿袭了唐宋的科举制度，并使之平民化，识字的人随之大量增加。人们交往的机会增多了，学生见老师、小官见大官都要先递上介绍自己的"名帖"。明代的"名帖"为长方形，一般长7寸、宽3寸（在明代1寸≈3.4cm），递帖人的名字要写满整个帖面。如递帖给长者或上司，"名帖"上所书名字要大，表示谦恭。

清朝才正式有"名片"的称呼。由于西方的不断入侵，与外界交往增多，也加快了名片的普及。清朝的名片开始向小型化发展，特别是在官场，官小者使用较大的名片以示谦恭，官大者使用较小的名片以示地位。

技能训练

训练：每6人一组，分别扮演领导、客户、记者等不同角色，演练初次见面时如何相互问候、介绍及交换名片。

测一测

1．递交名片时应注意哪些问题？
2．接受名片时应注意哪些问题？

学习实践

全班分为若干小组，依据要求设计见面介绍情境，进行以下模拟练习。
1．表现握手礼仪，展示动作细节并解说握手的禁忌。
2．进行自我介绍，接着介绍他人，最后做集体介绍。
3．制作两种名片，进行名片解说和相应名片礼仪的展示。
要求：小组展示过程中需要播放相应礼仪场景的演示文稿。

成果评价

结合本任务的学习内容，进行致意、握手、介绍以及名片礼仪的展示，填写表4-1对展示进行评价，在相应的等级中画"√"。

表4-1　致意、握手、介绍、名片礼仪的展示评价表

评 价 内 容			😄		😐		☹	
			学生评	教师评	学生评	教师评	学生评	教师评
致意礼仪								
握手礼仪	神态							
	姿势							
	手位							
	力度							
	时间							
介绍礼仪	介绍分类	介绍自己						
		介绍他人						
	介绍姿势							
	介绍人的陈述							
名片礼仪	递交名片							
	接受名片							
	索要名片							

◆ 任务二　用声音传播你的美 ◆

案例导入

　　某航班公务舱上来一名中年男子。中年男子在聊天中自称是某明星的哥哥，并一路与乘务员攀谈。该旅客谈兴颇高，并不自觉地谈起了自己的弟弟，谈起自己弟弟曾经饰演的某某角色，谈起自己弟弟硬朗、英俊的外表……但乘务员小李却不小心说出了一句心里话："您弟弟长得那么帅，和您可不大一样。"此话虽然比较含蓄，但旅客原本兴冲冲地脸色立刻就黯淡了下来，此后一句话都没有再说。小李马上意识到了自己说错了话，但无论怎么弥补都未能挽回局面。飞行结束后，小李就收到了一封投诉信。

　　乘务员小李错在何处？如果你是乘务员，你会怎么说？

　　_____

　　_____

　　_____

知识点一　使用得体的礼貌用语

名人名言

人无礼则不生，事无礼则不成，国家无礼则不宁。

——荀子

语言，是人与人之间顺利交往的重要桥梁，从语言中可以看出一个人的道德水准和教养水平。语言是全社会统一的交际活动服务的交际手段和工具，是思维的工具，是人际关系的桥梁。然而会说话并不等于掌握了语言的礼仪，一个人是高雅还是粗俗，都可以通过语言直接表现出来。在当今社会中，人们都应自觉培养文明修养，注重自己的礼貌谈吐，讲究说话的艺术性，遵守语言的规范，掌握语言的使用方法，充分发挥语言的作用。

一、礼貌用语使用原则

在职场中使用礼貌用语应遵循主动性、约定性、亲密性的原则。

1. 主动性

主动性指在职场中使用礼貌用语应该是主动而自觉的行为。

2. 约定性

约定性指在职场中常用的礼貌用语往往是约定俗成的、人人皆知的，所以应尽量完全遵从。

3. 亲密性

亲密性指让交往对象听在耳中、暖在心里，这种亲切必须是诚心所致。

二、文明礼貌十字用语

我国素有"礼仪之邦"的美称。文明礼貌十字用语既是人际关系和谐的"润滑剂"，也是尊重别人、尊重自己的客观要求，更是中华民族礼仪文明的具体体现。在职场中，多使用"您好""请""谢谢""对不起""再见"这十字文明礼貌用语，是构建良好人际关系的开端。

"您好"是向他人表示敬意的问候语和招呼语。使用"您好"能使交往对象感到温暖亲切。

"请"是表示对他人的敬意。通常在请求别人做某事时、表示对他人关切时、表示谦让时、要求对方不要做某事时、关心或安抚他人时、希望得到他人谅解时，都要"请"字开头。

"谢谢"是表示感谢的礼貌用语。他人给你做事和帮忙，无论对你的帮助是大是小，都应面带微笑，目光注视对方，自然地说"谢谢"。

"对不起"是表示歉意的礼貌用语。通常是在对他人造成不便或有过失行为时、需引起他人注意时、需要打断他人之间的谈话时真诚地说出。

"再见"是人们在分别时说的告别语。说"再见"应面带微笑，目视对方，并借助动作进一步表达依依不舍、希望重逢的意愿，如握手、鞠躬、摆手等。

三、礼貌用语分类

礼貌用语可分为问候语、迎送语、请托语等。

1. 问候语

问候语是与人会面时，根据时间、场合和对象的不同所使用的规范化的问候用语。

（1）标准式问候用语。标准式问候用语的常规做法是在问好之前，加上适当的人称代词或者其他尊称，例如"你好""您好""大家好"等。

（2）特定式问候用语。

1）在一定的时间范围内使用的问候用语，如"上午好""下午好""晚上好""晚安"。

2）适用于熟人之间，如"吃饭了吗""好久不见，去哪儿了"。

2. 迎送语

迎送语是在迎送客人时使用的规范化礼貌用语。

（1）欢迎用语。最常用的欢迎用语有"欢迎""欢迎光临""欢迎您的到来""见到您很高兴""恭候您的光临"等，往往离不开"欢迎"一词。但在客人再次到来时，可在欢迎用语之前加上对方的尊称，如"先生，真高兴再次见到您""女士，欢迎您再次光临"等，以表明自己尊重对方，使对方产生被重视之感。

（2）送别用语。最为常用的送别用语，主要有"再见""慢走""走好""欢迎再来""一路平安"等。需要注意的是，送别乘飞机的客人忌讳说"一路顺风""一路平安"。

3. 请托语

请求别人帮助时使用。

（1）标准式，如"请""请让一下""请稍后"。

（2）求助式，如"拜托""劳驾""打扰""借光"。

（3）组合式，如"请帮我一个忙""请不要在公共场合抽烟""拜托您给这位老奶奶让个座位"。

4. 致谢语

致谢语是对他人表示感谢的规范化礼貌用语。一般来说致谢适用以下几种情况：一是获得他人帮助时；二是得到他人支持时；三是赢得他人理解时；四是感到他人善意时；五是婉言谢绝他人时；六是得到他人赞美时。

（1）标准式，如"谢谢""谢谢您"。

（2）加强式，如"十分感谢""非常感谢"。

（3）具体式，如"麻烦您了，非常感谢""谢谢您提的宝贵意见""谢谢您的配合""谢谢您的谅解"。

5．道歉语

道歉语是在做了不恰当的事情，给他人带来损害或添了麻烦时，向他人表示歉意的规范化的礼貌用语。

道歉时常用的语言有"对不起，实在抱歉""真是过意不去""真是失礼了"。例如，因自身工作失误或给他人添麻烦时应说"实在对不起，给您添麻烦了""对不起，刚才疏忽了，实在抱歉，今后一定注意，不再发生这类事"；如有客人来访不能立即接待时应说"对不起，请您稍候""请稍等一下"；对等候的客人，打招呼时说"对不起，让您久等了"；当电话铃响过三遍，接电话时也应先说"对不起，让您久等了"；有事要问他人时应说"对不起，我能不能问一个问题"或"对不起，如果不麻烦的话，我想问一件事"；如果不经意打扰了他人，或打断了他人，应该说"对不起，打断一下"。

6．推诿语

拒绝别人是一门艺术。在职场中有时需要拒绝他人，如果语言得体、态度友好，往往可以避免尴尬；反之，如果过于冰冷、生硬，如"不知道""做不到""不归我管""问别人去"等，则会令对方不快。

（1）道歉式，如"对不起，不可以……""很抱歉，这儿不能……"等。

（2）转移式，如"我可以帮您问一下其他部门""您要不……"。

（3）解释式，如"我们这有相关规定，不能……"。

7．征询语

征询语分为两种形式，在服务中要酌情使用。

（1）封闭式，即限定答案的范围，让对方在一定范围中选择。如"请问，您是需要红茶还是咖啡""您是不是打电话再确认一下""如果您不介意，请下午再打电话过来好吗""请问您的行李是托运到××（经停站），还是直接托运到××（终点站）"等。

（2）开放式，让对方随意选择，显得更尊重些。例如，"您好，我能为您做什么""您打算预订什么位置的座位""您觉得我们的服务怎么样"等。

8．应答语

职场礼仪讲究"应答回应"，在与他人交往中，要主动使用应答语。

（1）肯定式，如"是的""好""明白了""听清楚了，请您放心"。

（2）恭谦式，如"承蒙夸奖""这是我的荣幸""您太客气了""过奖了""请多指教""别客气，我乐于为您服务"。

（3）谅解式，如"没关系""不要紧""我不会介意的"。

9．赞美语

在生活中要学会赞美他人。这类话表达时既要热情又要坦诚，切忌言不由衷。心口不一的溢美之词只会给人以阿谀奉承之感。

（1）评价式，如"很好""太好了""太出色了""太完美了""你真了不起"。

（2）认可式，如"还真是您说的那么回事""还是您懂行"。

10. 祝贺语

对他人表示祝贺时使用。

（1）应酬式，如"祝您成功""祝您旅途愉快"。

（2）节庆式，如"新年好""祝您生日快乐"。

知识拓展一 常用谦语敬语

初次见面应说：幸会	看望别人应说：拜访
等候别人应说：恭候	请人勿送应用：留步
对方来信应称：惠书	麻烦别人应说：打扰
请人帮忙应说：烦请	求给方便应说：借光
托人办事应说：拜托	请人指教应说：请教
他人指点应称：赐教	请人解答应用：请问
赞人见解应用：高见	归还原物应说：奉还
求人原谅应说：包涵	欢迎顾客应叫：光顾
老人年龄应叫：高寿	好久不见应说：久违
客人来到应用：光临	中途先走应说：失陪
与人分别应说：告辞	赠送作品应用：雅正

知识拓展二 职场中常用礼貌用语

1. 问候语

"很高兴认识您，请多指教。"

"您好，很高兴为您服务！"

2. 迎送语

"您好，欢迎光临！"

"祝您旅途愉快！"

"您请慢走，期待下次会面。"

3. 请托语

"请稍后。"

"劳驾。"

"有劳您。"

4. 致谢语

"非常感谢！"

"有劳您了，十分感谢！"

5．道歉语

"对不起，我马上帮您查询一下。"

"对不起，让您久等了。"

"实在抱歉，请您多包涵。"

6．推诿语

"对不起，请您稍等，我正在跟有关部门联系。"

"这个问题，请您到××部门询问，办公室在……"

7．征询语

"请问您怎么称呼？"

"请问有什么可以为您效劳的？"

"请问到××办公室怎么走？"

8．应答语

"好的，请稍等。"

"好的，马上就去。"

9．赞美语

"您非常专业。"

"你做得非常好。"

"你今天的着装搭配非常有魅力。"

10．祝贺语

"祝贵公司事业蒸蒸日上。"

"祝您生意兴隆。"

"祝您旅途愉快！"

技能训练

训练一："每人一句"练习。

小组成员按顺序每人说一句礼貌用语，要求反应快速、发音准确。

训练二：礼貌用语展示。

以小组为单位设计不同的职场情境进行礼貌用语训练，如接待来访、与客户初次会面、请求同事帮忙等。要求在演练中使用礼貌用语。

测一测

1．在职场中使用礼貌用语应遵循_____性、_____性、_____性的原则。

2．常用文明礼貌十字用语是_____、_____、_____、_____、_____。

3．判断题

（1）当有急事需要打断他人之间的谈话时，可以不用致歉。　　　　（　　）

（2）拒绝别人要直截了当、态度明确。　　　　　　　　　　　　　（　　）

（3）当得到他人的赞美时，可以说："感谢您的肯定，我会继续努力。"（　　）

知识点二　使用恰当的称呼

一、常用的称呼

在社会交往中，如何称呼对方将直接体现双方之间的亲疏、了解程度，展现个人文明礼仪及修养等。一个得体的称呼，会为以后的交往打下良好的基础，否则会令对方心里不悦，影响彼此的关系。

1．社交、工作场合中常用的称呼

在工作岗位上，人们彼此之间的称呼有特定的要求。总体原则是庄重、正式、规范。

（1）职务性称呼。一般在较为正式的官方活动、政府活动、公司活动、学术性活动中使用，以示身份有别，敬意有加，而且要就高不就低。这种称呼具体来说分为以下三种情况。

1）只称职务，如董事长、总经理等。

2）职务前加姓氏，如王总经理、张主任、刘校长等。

3）职务前加上姓名，适用于极为正式的场合，如×××市长等。

（2）职称性称呼。对于有专业技术职称的人，可用职称相称。

1）仅称职称，如教授、律师、工程师等。

2）在职称前加姓氏，如龙教授、叶工程师等。

3）在职称前加姓名适用于正式的场合，如×××教授、×××研究员等。

（3）学衔性称呼。这种称呼可以增加被称者的权威性，同时有助于增加现场的学术气氛，可分为以下四种情况。

1）仅称学衔，如博士。

2）加姓氏，如刘博士。

3）加姓名，如刘选博士。

4）将学衔具体化，说明其所属学科，并在后面加上姓名，如法学博士刘选。这种称呼最正式。

（4）行业性称呼。在工作中按行业称呼，可以直接以职业作为称呼，如老师、教练、会计、医生等。在一般情况下，此类称呼前均可加上姓氏或者姓名，如刘老师、于教练、王会计等。

（5）泛尊称。泛尊称就是对社会各界人士在一般较为广泛的社交中都可以使用的，如小姐、女士、先生等。注意，未婚者称小姐，已婚者或不明其婚否的要称女士。

2．生活中的称呼

生活中的称呼应当亲切、自然、准确、合理。

（1）对亲属的称呼。

1）对自己亲属的称呼。在与他人交谈提到自己的亲属时，应采用谦称。

2）对他人的亲属的称呼。与人交谈提到他人的亲属时，要采用敬称。

（2）对朋友、熟人的称呼。

1）敬称。对任何朋友、熟人，都可以用人称代词你、您相称。对长辈、平辈，可称其为您；对待晚辈，可称为你。对有身份的人或年纪大的人，应称先生。对文艺界、教育界以及有成就、有身份的人，称老师。对德高望重的人，称公或老，如秦公、谢老。

2）以姓名相称。平辈的朋友、熟人，彼此之间可以直呼其姓名，如王迎、李香；长辈对晚辈也可以这样称呼，但晚辈对长辈却不能这样称呼。为了表示亲切，可免呼其名，在被呼者的姓前加上老、大或小字相称，如老马、大李、小杜。

对关系极为亲密的同性朋友、熟人，可不称其姓，直呼其名，如晓龙等。但不可对异性这样称呼，只有其家人或恋人才可以这样称呼。

3）以辈分相称。对于邻居、至交，可用令人感到信任、亲切的辈分称呼，如爷爷、奶奶、大爷、大妈、叔叔、阿姨等类似血缘关系的称呼。也可以在这类称呼前加上姓氏，如李爷爷等。

4）尊称。对一面之交、关系普通的人，可视情况采取下列称呼：同志、先生、女士、小姐、夫人、太太等。

（3）外交中的称呼。国际交往中，因为国情、民族、宗教、文化背景的不同，称呼就显得千差万别。所以要掌握称呼的一般性规律，注意国别差异。

一般可以称小姐、女士、夫人、先生。还有对地位较高者称阁下，如大使阁下。对军界人士，称军衔，如将军、上校、上尉、元帅等。对宗教人士，称呼其神职，如牧师、神父、传教士。同时，还可以以职业作为称呼，如教授、法官、律师、医生、博士等，因其在社会中很受尊重，可以直接作为称呼。

二、称呼的禁忌

1．使用错误的称呼

常见的错误称呼有以下两种。

（1）误读。误读也就是念错姓名，如仇（qiú）、查（zhā）、区（ōu）等。为了避免这种情况的发生，对于不认识的字，事先要有所准备；如果是临时遇到，就要谦虚请教。

（2）误会。主要指对被称呼者的年纪、辈分、婚否以及与其他人的关系做出了错误判断。比如，将未婚妇女称为夫人，就属于误会。对于不知婚否状况的女性，规范的称呼应为女士。

2．使用过时的称呼

有些称呼具有一定的时效性。在我国古代，对官员称为老爷、大人。若将它们全盘照搬进现代生活里来，就会显得滑稽可笑，不伦不类。

3. 使用不通行的称呼

有些称呼具有一定的地域性。比如，北京人爱称人为师傅，山东人爱称人为伙计。但是，在某些地方的人听来，师傅（师父）等于出家人，伙计肯定是打工仔。可见对同一个词语的理解千差万别，使用时应注意地域和场合。

4. 使用庸俗低级的称呼

在人际交往中，有些称呼在正式场合切勿使用。在正式场合中哥们儿、姐们儿、瓷器、死党、铁哥们儿等，这一类的称呼就显得庸俗低级，档次不高，它们听起来令人不舒服。逢人便称老板，也会显得不伦不类。

5. 用绰号作为称呼

对于关系一般者，切勿自作主张给对方起绰号，更不能随意以道听途说来的绰号去称呼对方。还应注意，不要随便拿别人的姓名开玩笑。类似拐子、秃子、罗锅、四眼、傻大个、麻秆儿等更不能随意乱说。要尊重一个人，必须首先学会去尊重他的姓名。每一个正常人，都极为看重自己的姓名。在人际交往中，一定要牢记这一点。

知识拓展　我国主要亲属关系称谓

我国主要亲属关系称谓，如图4-6所示。

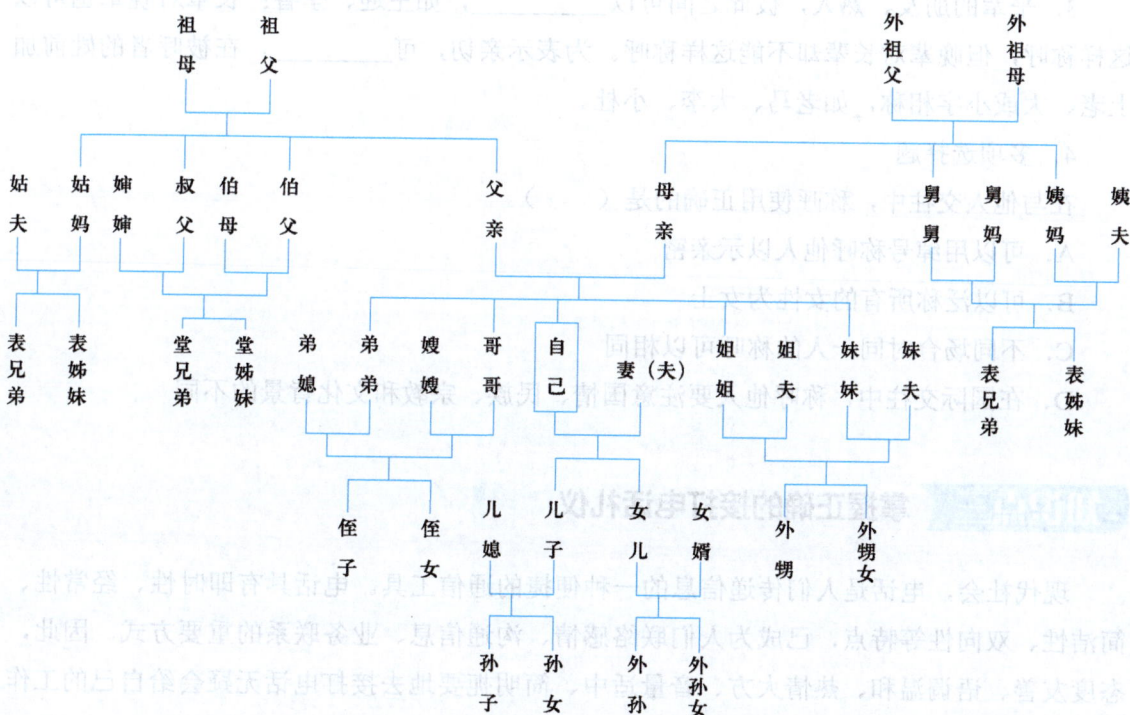

图4-6　我国主要亲属关系称谓图

技能训练

训练一：语言交流练习。

两人一组，就某话题（如体育、科技、时尚等）进行语言交流练习。要求：交谈时间为3～4分钟，谈话中设计称呼及礼貌用语；表达清楚，口齿清晰。

训练二：职场情景称呼练习。

2～3人一组设计不同的职场情景，练习打招呼。要求使用礼貌用语，注意称呼礼仪，面带微笑，主动问候。

测一测

1．在较为正式的官方活动、政府活动、公司活动、学术性活动中一般使用＿＿＿＿称呼；对于有专业技术职称的人，可用＿＿＿＿称呼。

2．使用敬称时，对长辈、平辈，可称其为＿＿＿＿；对待晚辈，可称为＿＿＿＿。对有身份的人或年纪大的人，应称＿＿＿＿。对文艺界、教育界以及有成就、有身份的人，称＿＿＿＿。对德高望重的人，称＿＿＿＿或＿＿＿＿。

3．平辈的朋友、熟人，彼此之间可以＿＿＿＿，如王迎、李香；长辈对晚辈也可以这样称呼，但晚辈对长辈却不能这样称呼。为表示亲切，可＿＿＿＿，在被呼者的姓前加上老、大或小字相称，如老马、大李、小杜。

4．多项选择题

在与他人交往中，称呼使用正确的是（　　）。

A．可以用绰号称呼他人以示亲密

B．可以泛称所有的女性为女士

C．不同场合对同一人的称呼可以相同

D．在国际交往中，称呼他人要注意国情、民族、宗教和文化背景的不同

知识点三　掌握正确的接打电话礼仪

现代社会，电话是人们传递信息的一种便捷的通信工具。电话具有即时性、经常性、简洁性、双向性等特点，已成为人们联络感情、沟通信息、业务联系的重要方式。因此，态度友善、语调温和、热情大方、音量适中、简明扼要地去接打电话无疑会给自己的工作增色不少。

一、拨打电话

1．拨打电话的礼规

拨打电话时要注意时间恰当、表述得法、举止得体。

（1）时间恰当。

1）除非有特别紧急的事情，公务通话一般应选择在办公时间内进行。

2）如果拨打国际长途电话，应注意时差。

3）通话时间不宜过长，以不超过5分钟为佳。

（2）表述得法。

1）拨通电话后，应先问候"您好"，然后自我介绍并证实对方的身份。

2）通话时不应音调过高、音量过大；口气应谦恭有礼、热情亲切。

3）如果要找的人不在，可以请接电话者转告，应问清对方的姓名，并向对方道谢。

4）打完电话应使用相应的礼貌用语，如谢谢、再见。拨错电话应表示歉意。

（3）举止得体。

1）在打电话时，应轻拿轻放。

2）电话接通后，通常应等铃声响过六遍后，确信对方无人接听时才能挂断电话。

3）通话时要聚精会神，不要抱着电话四处走动、仰坐或趴在桌子上；也不要吃东西、喝水、翻报纸杂志，甚至与旁人闲聊。

2．拨打电话的流程及注意事项

拨打电话的流程及注意事项，见表4-2。

表4-2 拨打电话的流程及注意事项表

流 程	基 本 用 语	注 意 事 项
1．准备	无	① 确认对方的姓名、电话号码 ② 准备好要表达的内容、说话顺序和所需要的资料、文件等 ③ 明确通话的目的
2．问候并自报家门	"您好！我是××单位的××"	① 一定要报出自己的姓名 ② 讲话要有礼貌
3．确认对方身份	"请问，是××单位吗？麻烦您，我要找××先生"	① 必须确认通话人的信息、姓名 ② 如与要找的人接通电话后，应该重新问候
4．说明来电目的	"今天打电话是想……"	① 应先将想说的结果告诉对方 ② 如是比较复杂的事情，请对方做记录 ③ 对时间、地点、数字等进行准确的传达 ④ 说完后可总结所说内容要点
5．结束通话	"谢谢""麻烦您了""那就拜托您了"	语气诚恳、态度真切
6．放回电话听筒	无	等对方放下电话后再将听筒轻轻放回电话机上

二、接听电话

1. 接听电话的礼规

（1）及时接听。

1）电话铃响时应及时接听，尽量不要使响铃声超过三次。

2）在接一部电话时，如有另一部电话打来，应询问对方是否介意自己接听另一部电话，在征得同意后接听另一部电话，但不要同时接听两部电话。

3）会客或参加重要会议不能接听电话时，应说明原因，表示歉意。

（2）文明应答。

1）在接听电话时应先向对方问好，并自报家门。

2）如果对方要找的人不在，最好告诉对方不在的原因，或告诉对方联系方法。

3）与对方通话，不应答非所问、东拉西扯。

4）挂电话时一般由发话人先挂断。

（3）做好记录。平时要做好通话记录准备，不应通话后放下听筒，再找纸笔。遇到听不清楚时，可以请求对方重复一遍，特别是对一些重要内容，如时间、地点、数量等，最好加以核实，避免记错。

2. 接电话的流程及注意事项

接电话的流程及注意事项，见表4-3。

表4-3　接电话的流程及注意事项

流　　程	基 本 用 语	注 意 事 项
1. 拿起电话听筒，并自报家门	"您好，这里是××公司××部门" 电话铃响3次以上时，"让您久等了，这里是××公司××部门"	① 电话铃响3次之内接听 ② 在电话机旁准备好记录用的纸笔 ③ 接听电话时，不使用"喂"回答 ④ 音量适中，不要过高 ⑤ 告知对方自己的单位、姓名
2. 确认对方身份	"××先生，您好""感谢您的关照"等	① 对对方身份进行确认 ② 如是客户，则要表达感谢之意
3. 听取对方来电用意	"是""好的""清楚""明白"等	① 必要时应进行记录 ② 谈话不要离题
4. 确认相关信息	"请您再重复一遍""明天在××，××点钟见"等	① 确认时间、地点、对象和事由 ② 如是留言必须记录下电话时间和留言人
5. 结束通话	"清楚了""请放心""我一定转达""谢谢""再见"等	无
6. 放回电话听筒	无	等对方放下电话后再轻轻将听筒放回电话机上

三、代接电话

代接电话时应注意以下的礼规。

1. 礼貌相待

接电话时，如果对方找的不是自己，不应显得不耐烦，以"他不在"来回答对方，而应友好地问"对不起，他现在不在，需要我转告什么吗"，如对方有此请求时，应尽量照办。

2. 尊重隐私

在代接电话时，不宜询问对方与所找的人之间的关系。当对方有求于你，希望你转达某事给某人时，应守口如瓶，不应随意扩散。别人在通话时不应旁听、插嘴。

3. 准备记录

在代接电话时，应对对方要求代为转达的具体内容认真做好记录，对方讲完后应重复一遍，以验证自己的记录准确无误。

4. 及时转达

代接电话后，应及时转告，不要耽误。除非万不得已，不应将代接电话内容再托他人转告。

四、使用手机

1. 遵守秩序

（1）不应在一些公共场合，尤其是楼梯、电梯、路口、人行道等人来人往处旁若无人地使用手机。

（2）不应在需要保持安静的公共场所，如图书馆、美术馆、电影院、自习室等场所或会议期间、课堂上使用手机。必要时，应关闭手机或将手机置于静音状态。

2. 注意安全

（1）不要在驾驶车辆时使用手机。

（2）不要在飞机上、病房内、加油站等不允许使用的地方使用手机。

3. 注意礼节

（1）不应在众人面前有意摆弄和炫耀。

（2）尽量不停机、关机。

（3）改换号码后应及时通知亲友、同事。

微课08　电话礼仪

知识拓展　手机的诞生

1973年4月3日，摩托罗拉公司的工程师马丁·库帕发明了世界上第一部移动电话。随后，马丁·库帕将世界上第一通移动电话打给了他的竞争对手，并告知他自己正在用移动电话跟其通话。

因为各方面的技术都不完善，所以跟现在的手机比起来，这部移动电话不仅在外观非常大，而且也相当重，光是内部电路板就高达30个。大量的充电板导致其充满一次电就需要近10个小时的时间，却仅仅只有35分钟的通话时间。同时，除拨打和接听电话这两种功能之外，这部移动电话不具备任何其他功能。

但是，这部移动电话的诞生，意味着一个全新时代（无线电通信）的开启，具有划时代的意义，马丁·库帕也因此被称为"移动电话之父"。

✦ 技能训练 ✦

训练一：电话流程语言训练。

两人一组根据所学的电话流程进行训练。

训练二：电话情境训练。

要求各小组自己设计情境，如约见客户进行洽谈、办理公司业务、接听旅客投诉电话等，用本任务所学相关知识作为主要通话内容。

测一测

1．拨打电话时应注意_____、_____、_____；接听电话时应注意_____、_____、_____。

2．请简述代接电话时的注意事项。

学习实践

请同学们分成若干学习小组，依据要求设计相关情境，进行模拟练习。

1．使用礼貌用语依次表现问候、征询、请托、迎送场景。

2．使用恰当称呼表现工作场合中上下级、同事间的关系。

3．表现拨打、接听及代接电话的一系列过程，注意运用电话礼仪。

要求：各小组展示过程中需要播放相应礼仪场景的演示文稿。

•• 成果评价 ••

结合本任务的学习内容，进行礼貌用语、称呼用语以及接打电话礼仪的展示，填写表4-4对展示进行评价，在相应的等级中画"√"。

表4-4　服务礼貌用语、称呼用语、接打电话礼仪的展示评价表

评价内容		☺		😐		☹	
		学生评	教师评	学生评	教师评	学生评	教师评
服务礼貌用语	正确选择礼貌用语						
	语音、语气、语速适宜						
	表情亲切、自然，保持微笑						
	姿态优雅						
	服务态度好						
称呼用语展示	选择正确						
	主动问候						
	面带微笑						
	语言清晰						
接打电话礼仪	拨打电话						
	接听电话						
	代接电话						

学习目标

- 了解面试、餐饮、交通礼仪的礼仪规范。
- 能够在社会交往中熟练运用面试、餐饮、交通礼仪提升个人价值。
- 能够在社会交往中展示自身的素质修养。

任务一　掌握面试礼仪

案例导入

　　一次，某公司招聘营销人员，由于待遇优厚，求职者众多。市场营销专业毕业的小刘前往面试，他的简历内容颇丰：在职校学习期间，当过学生会主席，办过学校的周年庆典，策划过全校个人风采大赛，英语表达也较为流利。到了面试时间，面试官拿着他的简历左看右看才等到小刘的到来。只见小刘上身穿着西装外套，下身牛仔裤配运动鞋，顶着一头金黄色的头发，戴着墨镜慢悠悠地走到面试官跟前，不请自坐，随后跷起了二郎腿，笑眯眯地等着问话。三位面试官互相交换了一下眼色，主面试官说："你好刘同学，请回去等通知吧！"

　　小刘能等到录用通知吗？为什么？假如是你，你会怎么做？

　　_____

　　_____

　　_____

知识点　掌握正确的面试技巧

　　面试是求职者求职择业的关键环节，与做任何事情一样，失败永远比成功来得简单、容易。常言道：不打无准备之仗。十几分钟的面试，要做几十甚至上百小时的准备都不为过。

一、面试前的准备

1．了解用人单位

尽可能搜集有用的应试信息，了解企业的文化和人才需求情况，问问自己哪些方面与企业的用人要求相吻合，并从中找到契合点来进行面试资料的准备。

2．物件准备

物件准备包括公文包、求职记录笔记本、多份打印好的简历、面试准备的材料、个人身份证、登记照等，所有准备好的文件都应该平整地放在信封或文件夹里。

3．形象准备

面试时，合乎自身形象的着装会给人以干净利落、有专业精神的印象，男士应显得稳重干练，女士应显得庄重大方。

（1）仪容。注意嘴、脸、手、眼睛、耳朵、鼻子、胡子等的要求，要有良好的个人卫生习惯；参加面试的女士可以适当地化淡妆，但不能浓妆艳抹，过于妖娆。

（2）发型。女士头发保持自然黑色、整洁，梳理整齐，长发最好束起；男士头发保持自然黑色、整洁，发型要轮廓分明，修剪得体，前面不遮盖眼部，两侧鬓角不得长于耳垂底部，后面不超过衬衣领衣线。

（3）服装。针对不同背景的用人单位选择适合的职业装，但原则是必须与上班族的身份相符，服装上不能有油污、掉纽扣、皱褶、撕破、织补、毛边等现象。

（4）饰物。男士面试时带上公文包会给人以专业的印象。公文包不要求买很贵重的真皮包，但应看上去大方典雅，大小应可以平整地放下A4纸大小的文件。女士面试时的皮包、手表等饰物不要过于花哨或稚气，也不要过于前卫。

4．技能准备

如有技能操作方面的测试，求职者要做好个人技能演示方面的准备。

5．面试提问的准备

假设面试官会问些什么问题，应聘前可适当做些准备。

6．心理准备

求职者应具备良好的心态，在面试时保持精神饱满、意气风发、充满自信，讲起话来语意肯定、语气恳切，对答言辞得心应手，从而为成功应聘打下良好的基础。

（1）积极进取的心态。有积极进取心态的求职者，总是把每个面试机会看成千载难逢的好机遇，认真准备面试，不忽视任何一个细节。

（2）双向选择的心态。去求职应聘参加面试，是一个双向选择的过程。从用人单位来看，你是在接受审查，看你的条件是否符合招聘的要求；同时，用人单位和面试官也在被你审查，看看他们提供的条件能不能吸引你。

（3）不怕失败的心态。面试时如果有了不怕挫折、不怕失败的心态，会大大增强面试的信心。经不起挫折、输不起的人才是真正的失败者。有了这种思想准备，你就会一试再试，终会找到比较称心的工作。

二、等待面试

到达面试地点后应在等候室耐心等候，并保持安静，端正坐姿。如果此时招聘单位为使面试能尽可能多地略过单位情况介绍步骤，尽快进入实质性阶段而准备了公司的介绍材料，你应该仔细阅读以了解其情况；也可自带一些试题重温。不要来回走动显得浮躁不安，也不要与其他面试者交头接耳、大声议论。

1．提前到达

守时是职场中一个很重要的素质。提前10~20分钟到达面试场地为最佳，因为那样可以让我们有足够的时间稳定情绪、熟悉环境，同时又不至于因为太提前，让人认为你没有时间观念。同时，在面试中迟到或是急匆匆赶到是职场大忌，那样会让人觉得你缺乏自我约束能力，给面试官留下极差的印象。

2．注意第一印象

到了面试场所，最好直接走到指定地点，不要东张西望。在进入公司前，将手机、钱包、钥匙等物品放好，手机关机或静音，避免影响整个面试效果。见到面试官后，应礼貌地打招呼；在整个过程中，用好礼貌用语，会让你本次面试事半功倍。同时，约束自己的言行，以免给人留下肤浅的印象。

3．耐心等待

在面试过程中，任何的等待都一定要表现出自己有足够的耐心和涵养。保持正确的坐姿，安静地等待下一步的安排。切勿东张西望、随意走动或使用手机等，更不要旁若无人地与人大声交谈。

三、进入面试室

求职者保持诚恳的态度进入面试室，应始终面带微笑，不要过分紧张，对遇到的每个公司员工都应彬彬有礼。

1．进入面试室前

切忌贸然闯入面试室，求职者一定要先轻轻敲门，得到面试官的许可后方可入室。

2．进入面试室时

（1）入室时不要先把头探进去张望，而应整个身体一同进去。

（2）要表现得自然，步态轻盈，不要紧张或慌张。

3．进入面试室后

（1）走进室内之后，背对面试官，将房门轻轻关上，然后缓慢转身面对面试官。

（2）向面试官微笑致意，并说"你们好"之类的问候语，在面试官和你之间营造和谐的氛围。

（3）若非面试官先伸手，切勿主动伸手向前欲和对方握手；如果面试官主动伸出手来，你就报以坚定而温和的握手。

（4）在面试官没有请你坐下时切勿急于坐下。请你坐下时，应说声"谢谢"。

四、进行面试

在面试中，面试官对求职者的了解，语言交流只占了30%，眼神交流和求职者的气质、形象、身体语言占了绝大部分，所以求职者在面试时不仅要注意自己的外表及谈吐，还要注意避免谈话时做出很多下意识的小动作和姿态。

1. 注意文明礼貌

（1）使用敬语，如"您""请"等，常用的俗语要尽量避免，以免被认为油腔滑调。

（2）回答问题要口齿清晰，声音大小适度，回答要完整，不可犹豫，不可使用口头禅。

（3）说话时目光要与面试官接触。若面试官有几位，要看首席或中间的那一位，同时也要兼顾其他面试官。

（4）要积极主动地聆听。求职者在听对方说话时，要不时做出点头同意状，表示自己听明白了，或正在注意听。

（5）不要随便打断面试官说话，或就某一个问题与面试官争辩，除非有极重要的理由。

（6）口中不要含东西，不能嚼口香糖。

（7）不要在面试官结束面试前表现出浮躁不安、急欲离去的样子。

2. 注意表情

（1）面试时要始终面带笑容，谦恭和气，表现出热情、开朗、大方、乐观的精神状态。

（2）不要无缘无故皱眉头或毫无表情。

（3）不要直盯对方，也不要以眼瞟人、漫不经心，眼光宜落在面试官的鼻子上，这样既保持了接触又避免了不礼貌的直视。

（4）对方提问时，不要左顾右盼，否则面试官会误认为你缺乏诚心和兴趣。

（5）切忌面带疲倦、哈欠连天，面试前一天一定要保证睡眠充足。

（6）不要窥视面试官的桌子、稿纸和笔记。

（7）面试顺利时，不要喜出望外、拍手叫好。

（8）作为求职者，不仅要时时注意面试官说话的内容，也还要注意面试官的表情变化，以便能准确地把握说话者的思想感情。

（9）为了吸引听者的注意力，使言谈有声有色和增强感染力，在说话中可以适当加进一些手势，但动作不要过大，更不要手舞足蹈或用手指指人。

（10）在说话时切不可面露献媚、低声下气的表情，企图以鄙薄自己来取悦对方。这样做只能降低自己的人格。只有不卑不亢的态度才能获得对方的信任。

3. 注意举止

（1）动有动态。面试中做任何动作都要注意礼仪规范，以免给人留下不好的印象。

（2）站有站相。站立时，应保持微笑，且后脑勺、双肩、臀部、小腿、后脚跟要在一个平面上。

（3）坐有坐相。就座时，上身应自然坐直，坐满椅子2/3，并注意腿部的摆放。

（4）手势宜少不宜多。多余的手势会给人留下装腔作势、缺乏涵养的感觉。

（5）避免一些不必要的小动作。身体各部分的小动作往往令面试官分心，甚至招致反感。

五、结束面试

当求职者知道面试即将结束时千万不要在面试官面前表现出不安、急欲离去的样子。

（1）面试官示意面试结束时，求职者微笑、起立、道谢，并说"再见"，无须主动伸出手来握手。

（2）出去推门或拉门时，要转身正面面对面试官，再说声"谢谢，再见"，出门后轻轻关上门。

（3）如果在你进入面试房间之前，有秘书或接待员接待你，在离去时也一并向其致谢告辞。

微课09 面试礼仪

知识拓展一 男士面试法则

男士面试应注意以下方面。

（1）浓重的体味、不洁的面容是面试大忌，应保持干净、卫生、整洁。

（2）眼镜的上镜框高度以眉头和眼睛之间的1/2为合适，外边框以跟脸最宽处平行为宜。

（3）着西服套装、深蓝色或黑色为宜，显得沉稳、庄重，衬衣、领带的款式与颜色要与西装相配。

（4）不要将钥匙、手机、零钱等放在裤袋中。

（5）裤子长度以直立状态下裤脚遮盖住鞋跟的3/4为佳。

（6）袜子颜色要和鞋、裤子的颜色一致，保持足够的长度，以袜口抵达小腿为宜。

（7）不要穿球鞋应聘，皮鞋也尽量不要选给人攻击性感觉的尖头款式，方头系带的皮鞋是最佳选择。

知识拓展二 女士面试法则

女士面试应注意以下内容。

（1）一定要避免浓妆艳抹。

（2）应聘时要特别注意服饰搭配，穿着得体、讲究、自然会赢得关注和尊重。

（3）鞋的颜色和衣服相协调，女士可以穿高跟鞋。

（4）头发一定要加以修饰，发式简单、干净，太新潮怪异的发型不适合职业女性，长头发要梳理整齐，用发卡夹住或简单盘起均可。

（5）巧用眼神。一方面通过自己的眼神向人表述自信，另一方面察言观色，以化解面试中的尴尬。

（6）巧用体态语。人与人之间通过交流得到的印象，有65%是建立在非语言交流基础上的。如果一个人的身体语言与其言语相矛盾，人们宁愿相信他们所看到的情况，而不是听说的。

技能训练

训练：面试模拟。

各组设计情景进行面试，每组6人。要求包括2名面试官、4名求职者。

测一测

1. 面试时的体态语言包括_____、_____、_____。
2. 结合所学专业，为自己设计一个参加相关专业岗位面试的礼仪形象。

成果评价

结合本任务的学习内容，进行面试礼仪的展示，填写表5-1对展示进行评价，在相应的等级中画"√"。

表5-1　面试礼仪展示评价表

评价内容			😄		😐		☹️	
			学生评	教师评	学生评	教师评	学生评	教师评
面试前的准备		资料的收集						
	修饰	须发						
		服装						
		领带（限男生）						
		鞋袜						
		化妆						
面谈礼仪	体态语言	微笑						
		坐姿						
		握手						
		自我介绍						

任务二　掌握就餐礼仪

案例导入

　　某男士参加宴会，在宴会开始后，他为了吃得畅快，在座位上先是脱掉了西装外套，挽起衬衣袖子，又摘下了领带。在用餐的过程中，他一边嚼东西一边与左右的人说话，手中的筷子还在空中不断挥舞，时不时地劝周围客人喝酒。在就餐结束时，可能吃东西塞牙了，直接当着一桌人的面用手指甲剔牙，之后手也没洗拿起水果就吃。

　　请问该男士就餐时有哪些不当之处？正确的餐饮礼仪是怎样的？

_____

_____

_____

知识点一　展现东方古国的餐饮魅力

名人名言

王者以民为天，而民以食为天。

——《汉书·郦食其传》

　　饮食文化是我国传统文化的重要组成部分，它所包含的不仅是与西餐迥异的难以尽数的珍馐佳肴、国饮陈酿，而且反映了人们对饮食的观念和生活习惯。随着中西饮食文化的不断交流，中餐不仅是中国人的传统饮食习惯，还越来越受到外国人的青睐。这种看似最平常不过的中式餐饮，用餐的礼仪却是有一番讲究的。

一、席位的排列

　　中餐的席位排列关系到来宾的身份和主人给予对方的礼遇，在中餐礼仪中是一项重要的内容。中餐席位的排列在不同情况下有一定的差异，可以分为桌次排列和位次排列两方面。

1. 桌次排列

　　在中餐宴请活动中，往往采用圆桌摆放菜肴、酒水。排列圆桌的尊卑次序，有两种情况。

　　（1）由两桌组成的小型宴请。这种情况又可以分为两桌横排和两桌竖排的形式，如图5-1所示。

　　当两桌横排时，桌次是以右为尊、以左为卑。这里所说的右和左，是由面对正门的位置而言的。

图5-1　两桌桌次排列

当两桌竖排时，桌次讲究以远为上、以近为下。这里所讲的远近，是以距离正门的远近而言的。

（2）由三桌或三桌以上的桌数所组成的宴请，如图5-2所示。

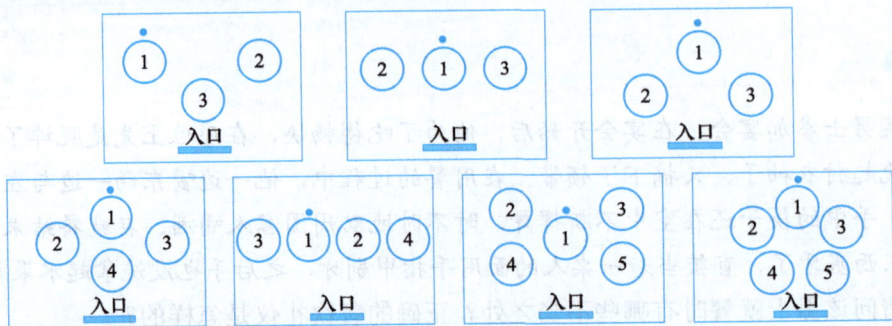

图5-2　三桌或三桌以上桌次排列

在安排多桌宴请的桌次时，除了要注意"面门定位""以右为尊""以远为上"等规则外，还应兼顾其他各桌距离主桌的远近。通常，距离主桌越近，桌次越高；距离主桌越远，桌次越低。

在安排桌次时，所用餐桌的大小、形状要基本一致。除主桌可以略大外，其他餐桌都不要过大或过小。

为了确保在宴请时赴宴者及时、准确地找到自己所在的桌次，可以在请柬上注明对方所在的桌次，在宴会厅入口悬挂宴会桌次排列示意图，安排引位员引导来宾按桌就座，或者在每张餐桌上摆放桌次牌（用阿拉伯数字书写）。

2．位次排列

（1）宴请位次排列。宴请时，依次排列礼仪非常严谨，每张餐桌上的具体位次都有主次尊卑之分。排列位次的基本方法有四种，它们往往会同时发挥作用。

1）主人大都应面对正门而坐，并在主桌就座。

2）举行多桌宴请时，每桌都要有一位主桌主人的代表在座。位置一般和主人同向，有时也可以面向主桌主人。

3）各桌位次的尊卑，应根据距离该桌主人的远近而定，以近为上、以远为下。

4）各桌距离该桌主人相同的位次，讲究以右为尊，即以该桌主人面向为准，右为尊、左为卑。

每张餐桌上所安排的用餐人数最好限定在十人以内，以双数为宜。比如，六人、八人、十人。人数如果过多，不仅不容易照顾，而且也可能使座位拥挤。

根据上面四个位次的排列方法，圆桌位次的具体排列可以分为两种具体情况。它们都是和主位有关。

第一种情况：每桌一个主位的排列方法。特点是每桌只有一名主人，主宾在右手就座，每桌只有一个谈话中心，如图5-3所示。

第二种情况：每桌两个主位的排列方法。特点是主人夫妇在同一桌就座，以男主人为第一主人，女主人为第二主人，主宾和主宾夫人分别在男女主人右侧就座。每桌客观上形成了两个谈话中心，如图5-4所示。

图5-3　一个主位的位次排列　　　图5-4　两个主位的位次排列

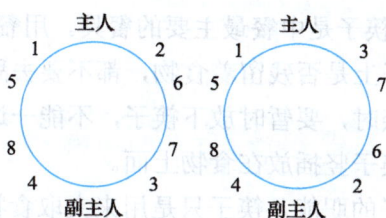

如果主宾身份高于主人，为了表示尊重，也可以安排在主人位子上坐，而请主人坐在主宾的位子上。为了便于来宾准确无误地在自己位次上就座，除招待人员和主人要及时加以引导指示外，还应在每位来宾所属座次正前方的桌面上，事先放置醒目的个人姓名座位卡。举行涉外宴请时，座位卡应以中、英文两种文字书写。我国的惯例是，中文在上，英文在下。必要时，座位卡的两面都书写用餐者的姓名。

（2）便餐位次排列。排列便餐的席位时，如果需要进行桌次的排列，可以参照宴请时桌次的排列顺序进行。位次的排列，可以遵循以下四个原则。

1）右高左低原则。两人并排就座，通常以右为上座，以左为下座。这是因为中餐上菜时多以顺时针方向为上菜方向，因此居右坐的要比居左坐的优先受到照顾。

2）中座为尊原则。三人一同就座用餐，坐在中间的人在位次上高于两侧的人。

3）面门为上原则。用餐的时候，按照礼仪惯例，面对正门位是上座，背对正门位是下座。

4）特殊原则。在有些餐厅里，室内外可能会有优美的景致或精彩的演出供用餐者欣赏。此时，观赏角度最佳的座位是上座。不在包厢而是在大厅用餐时，为了防止过往人员的干扰，通常以靠墙的位置为上座，靠过道的位置为下座。

二、中餐餐具的礼仪

和西餐相比较，中餐的一大特色就是用餐餐具有所不同。以下主要介绍平时经常使用的餐具及使用方法。

1. 中餐的餐具

中餐的餐具主要有杯、盘、碗、碟、筷、匙六种。在正式的宴会上，水杯放在菜盘前方，酒杯放在右前方。筷子与汤匙可放在专用的架子上，或放在纸套中。餐具的摆放，如图5-5和图5-6所示。

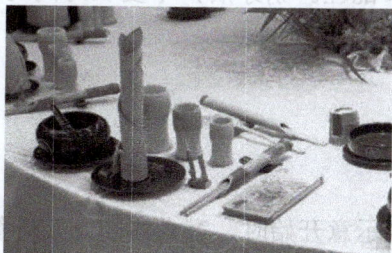

图5-5　中餐餐具1　　　　　　图5-6　中餐餐具2

2．餐具的使用方法

（1）筷子。筷子是中餐最主要的餐具。用餐的时候，要注意下面几个问题。

1）不论筷子上是否残留着食物，都不要去舔。

2）和人交谈时，要暂时放下筷子，不能一边说话，一边像指挥棒似地挥舞筷子。

3）不要把筷子竖插放在食物上面。

4）严格筷子的职能。筷子只是用来夹取食物的，用来剔牙、挠痒或是用来夹取食物之外的东西都是失礼的。

（2）勺子。勺子的主要作用是舀取菜肴、食物。用筷子取食时，也可以用勺子来辅助。尽量不要单用勺子去取菜。用勺子取食物时，不要过满，免得溢出来弄脏餐桌或自己的衣服。在舀取食物后，可以在原处暂停片刻，汤汁不会再往下流时再移回来享用。

暂时不用勺子时，应放在自己的碟子上，不要把它直接放在餐桌上，或是让它在食物中竖立。用勺子取食物后，要立即食用或放在自己的碟子里，不要再把它倒回原处。而如果取用的食物太烫，不可用勺子舀来舀去，也不要用嘴对着吹，可以先放到自己的碗里等凉了再吃。不要把勺子塞到嘴里，或者反复吮吸、舔食。

（3）盘子。稍小点的盘子就是碟子，主要用来盛放食物，在使用方面和碗略同。盘子在餐桌上一般要保持原位，而且不要堆放在一起。

着重介绍的是一种用途比较特殊的被称为食碟的盘子。食碟的主要作用是用来暂放从公用的菜盘里取来享用的菜肴的。用食碟时，一次不要取放过多的菜肴，看起来既杂乱不堪，又像是饥饿难耐。不要把多种菜肴堆放在一起，弄不好它们会相互串味，不好看、也不好吃。不吃的残渣、骨、刺不要吐在地上、桌上，而应轻轻取放在食碟前端，放的时候不能直接从嘴里吐在食碟上，要用筷子夹放到碟子旁边。如果食碟放满了，可以让服务员更换。

（4）水杯。水杯主要用来盛放清水、汽水、果汁、可乐等软饮料。不要用它来盛酒，也不要倒扣水杯。另外，喝进嘴里的东西不能再吐回水杯中。

（5）湿毛巾。中餐用餐前，一般会为每位用餐者上一块湿毛巾，它只能用来擦手。擦手后，应该放回盘子里，由服务员拿走。有时候，在正式宴会结束前会再上一块湿毛巾。和前者不同的是，它只能用来擦嘴，却不能擦脸、抹汗。

（6）牙签。尽量不要当众剔牙。非剔不可时，用另一只手掩住口部，剔出来的东西不要当众观赏或再次入口，也不要随手乱弹、随口乱吐。剔牙后，不要长时间叼着牙签，更不要用来扎取食物。

三、中餐就餐的礼仪

1．席上礼规

（1）上菜后，不要立即动手取食，应待主人示意开始时，客人才能开始进餐。

（2）进餐动作文雅，不发出异响。

（3）夹菜文明，应等菜肴转到自己面前再动筷，一次夹菜不宜过多。

（4）可以让菜，劝对方品尝，但不要为他人夹菜。尤其对外国客人不要反复劝菜。

2．席间祝酒

（1）敬酒顺序按身份高低或座次顺序。

（2）碰杯时，主人与主宾先碰；人多时可同时举杯，不需逐一碰杯；男士举杯应略低于女士酒杯。

（3）主人祝词时暂停进餐。

3．席间谈话

（1）主人主动提出交谈话题。

（2）不只同个别人交谈。

（3）不要一言不发。

（4）不要大声说话或哈哈大笑、窃窃私语。

（5）不要一边说话一边进食。

4．餐饮结束

（1）结束信号。主人把餐巾放在桌上，或从餐桌旁站起来。

（2）离桌礼节。把椅子放回原位。男士应帮助身边的女士移开座椅，并帮其放回原处。

（3）离开宴会顺序。身份高者、年长者或女士先走。一般情况下，贵宾是第一个告辞的人。

（4）离开时对主人表示感谢。

四、中餐上菜的顺序

标准的中餐，其上菜的顺序大致相同。上菜的顺序一般是：先上冷盘，接着上热盘，随后上主菜，然后上点心，最后上水果拼盘。

（1）冷盘，又称开胃菜，通常是四种冷盘组成的大拼盘，有时种类可多达十种。最具代表性的是凉拌海蜇皮、皮蛋等。

（2）热盘。冷盘之后，接着出四种热盘。常见的是炒虾、炒鸡肉等。

（3）主菜。主菜紧接在开胃菜之后上桌，又称为大件、大菜。主菜的道数通常是四、六、八等偶数。在豪华的餐宴上，主菜有时多达十六或三十二道，但普通的餐宴是六道至十二道。这些菜肴是使用不同的材料，配合酸、甜、苦、辣、咸五味，以炸、蒸、煮、煎、烤、炒等各种烹调法搭配而成。其出菜顺序多以口味清淡和浓腻交互搭配，或干烧、汤类交互搭配为原则。最后通常以汤作为收尾。

（4）点心。主菜结束后所供应的甜点，如蛋糕、豆腐花、红豆沙等。

（5）水果拼盘。点心之后则是水果，如西瓜、苹果、甜橙等。

微课 10　中餐礼仪

技能训练

训练一：席位排列训练。

创设中餐宴请情境，进行角色扮演，请学生说出席位的安排。

训练二：餐具使用训练。

运用中餐餐具实物，请学生说出各餐具的使用方法及注意事项。

测一测

1．位次的排列遵循的四个原则是_____、_____、_____、_____。

2．中餐的餐具主要有_____、_____、_____、_____、_____、_____六种。在正式的宴会上，水杯放在菜盘__方，酒杯放在__方。筷子与汤匙可放在专用的架子上，或放在纸套中。

3．标准的中餐，其上菜的顺序大致相同。上菜的顺序一般是：先上_____，接着上_____，随后上_____，然后上_____，最后_____。

知识点二　展现文雅的西餐礼仪

用餐的礼节在不同的国家或文化常存在着许多差异，自认为很有礼貌的举动，如代客夹菜、劝酒，外国人可能感到很不文雅。尽管有许多不同，但还是有许多规则是大多数国家通用的礼节。

一、席位的排列

1．西餐桌次的排列

如果西式宴请中涉及三桌或三桌以上的桌数，国际上的习惯是桌次的高低以离主桌位置远近而定，距离主桌越近，桌次越高；距离主桌越远，桌次越低。这项规则也称"主桌定位"。在安排桌次时，所用餐桌的大小、形状应大体相仿。除主桌略大之外，其他餐桌不宜过大或过小，如图5-7所示。

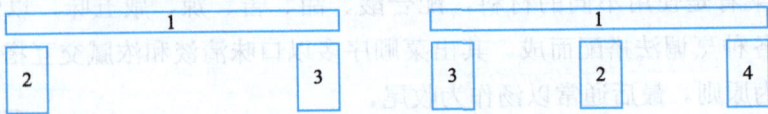

图5-7　西餐桌次排列

2．西餐座次的排列

西式宴请多采用长条餐桌，席位安排类似中式的圆桌，要让陪同人员或主人、副主人坐在长桌的两端，尽量留心别让客人坐在长桌两端的席位上。排座时还应考虑来宾民族习惯、宗教信仰的差异性，不要因此出现不协调的局面，如图5-8所示。

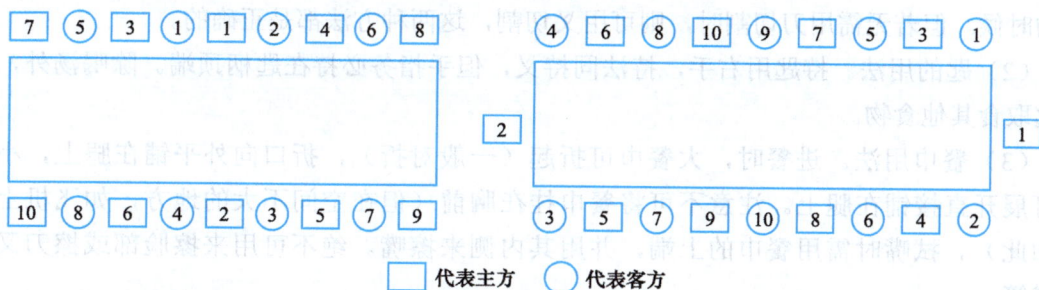

图5-8　西餐座次排列

二、西餐餐具的礼仪

1. 西餐的餐具

　　广义的西餐餐具包括刀、叉、匙、盘、杯、餐巾等，如图5-9所示。其中，盘又有菜盘、布丁盘、奶盘、白托盘等，如图5-10所示；酒杯更是讲究，正式宴会几乎每上一种酒都要换上专用的玻璃酒杯。

　　狭义的餐具则专指刀、叉、匙三大件，如图5-11所示。刀分为食用刀、鱼刀、肉刀（刀口有锯齿，用以切牛排、猪排等）、黄油刀和水果刀。叉分为食用叉、鱼叉、肉叉和虾叉。匙则有汤匙、甜食匙、茶匙。公用刀、叉、匙的规格明显大于餐用刀叉。

图5-9　西餐餐具

图5-10　盘

图5-11　刀、叉、匙

2. 餐具的用法

（1）刀叉用法。

1）刀叉持法。用刀时，应将刀柄的尾端置于手掌中，以拇指抵住刀柄的一侧，食指按在刀柄上，但需注意食指不能触及刀背，其余三指顺势弯曲，握住刀柄。叉如果不是与刀并用，叉齿应该向上。持叉应尽可能持住叉柄的末端，叉柄倚在中指上，中间则以无名指和小指为支撑，叉可以单独用于叉餐或取食，也可以用于取食某些头道菜和馅饼，还可以用取食无须切割的主菜。

2）刀叉的使用。右手持刀，左手持叉，先用叉子把食物按住，然后用刀切成小块，再用叉送入嘴内。欧洲人使用时不换手，即从切割到送食物入口均以左手持叉。美国人则切割后，将刀放下换右手持叉送食入口。

3）刀叉并用时，持叉姿势与持刀相似，但叉齿应该向下。通常，刀叉并用是在取食主菜的时候。但若无需用刀切割时，则可用叉切割，这两种方法都是正确的。

（2）匙的用法。持匙用右手，持法同持叉，但手指务必持在匙柄顶端。除喝汤外，不用匙取食其他食物。

（3）餐巾用法。进餐时，大餐巾可折起（一般对折），折口向外平铺在腿上，小餐巾可展开直接铺在腿上。注意不可将餐巾挂在胸前（但在空间不大的地方，如飞机上可以如此）。拭嘴时需用餐巾的上端，并用其内侧来擦嘴。绝不可用来擦脸部或擦刀叉、碗碟等。

3. 餐具的摆设

垫盘放在餐席的正中心，盘上放折叠整齐的餐巾或餐纸（也有把餐巾或餐纸折成花蕊状放在玻璃杯内的）。两侧的刀、叉、匙排成整齐的平行线，如有席位卡，则放在垫盘的前方。所有的餐刀放在垫盘的右侧，刀刃朝向垫盘。各种匙类放在餐刀右边，匙心朝上。餐叉则放在垫盘的左边，叉齿朝上。一个座席一般只摆放三副刀叉。面包碟放在客人的左手边，上置面包刀（即黄油刀，供抹奶油、果酱用，而不是用来切面包）一把，各类酒杯和水杯则放在右前方。如有面食，吃面食的匙、叉则横放在前方，如图5-12所示。

图5-12 西餐餐具的摆设

三、西餐就餐的礼仪

（1）就座时，身体要端正，手肘不要放在桌面上，不可跷足，与餐桌的距离以便于使用餐具为佳。餐台上已摆好的餐具不要随意摆弄。将餐巾对折轻轻放在膝上。

（2）使用刀叉进餐时，从外侧往内侧取用刀叉，要左手持叉，右手持刀；切东西时左手拿叉按住食物，右手执刀将其切成小块，用叉子送入口中。使用刀时，刀刃不可向外。进餐中放下刀叉时应摆成"八"字形，分别放在餐盘边上。刀刃朝向自己，表示还要继续吃。每吃完一道菜，将刀叉并拢放在盘中，千万不可手执刀叉在空中挥舞摇晃，也不要一手拿刀或叉，而另一只手拿餐巾擦嘴；也不可一手拿酒杯，另一只手拿叉取菜。任何时候，都不可将刀叉的一端放在盘上，另一端放在桌上。

（3）喝汤时不要啜，吃东西时要闭嘴咀嚼。不要舔嘴唇或咂嘴发出声音。如汤菜过热，可待稍凉后再用嘴吹。喝汤时，用汤勺从里向外舀，汤盘中的汤快喝完时，用左手将汤盘的外侧稍稍翘起，用汤勺舀净即可。吃完汤菜时，将汤匙留在汤盘（碗）中，匙把指向自己。

（4）吃鱼、肉等带刺或骨的菜肴时，不要直接外吐，可用餐巾捂嘴轻轻吐在叉上放入盘内。如盘内剩余少量菜肴时，不要用叉子刮盘底，更不要用手指相助食用，应以小块面包或叉子相助食用。吃面条时要用叉子先将面条卷起，然后送入口中。

（5）用刀叉吃有骨头的肉时，可以用手拿着吃。若想吃得更优雅，还是用刀较好。用叉子将整片肉固定（可将叉子朝上，用叉子背部压住肉），再用刀沿骨头插入，把肉切开。最好是边切边吃。必须用手吃时，会附上洗手水。当洗手水和带骨头的肉一起端上来时，意味着"请用手吃"。用手指拿东西吃后，将手指放在装洗手水的碗里洗净。吃一般的菜时，如果把手指弄脏，也可请侍者端洗手水来，注意洗手时要轻轻地洗。

（6）吃鸡时，欧美人多以鸡胸脯肉为贵。吃鸡腿时应先用力将骨去掉，不要用手拿着吃。吃鱼时不要将鱼翻身，要吃完上层后用刀叉将鱼骨剔掉后再吃下层，吃肉时，要切一块吃一块，块不能切得过大，或一次将肉都切成块。

（7）吃面包时，面包一般掰成小块送入口中，不要拿着整块面包去咬。抹黄油和果酱时也要先将面包掰成小块再抹。吃面包可蘸调味汁，吃到连调味汁都不剩，是对厨师的礼貌。注意不要把面包盘子"舔"得很干净，而要用叉子叉住已撕成小片的面包，再蘸一点调味汁来吃，这是雅观的做法。

（8）吃沙拉时用叉子，如菜叶太大，可用刀在沙拉盘中切割，然后再用叉子吃。

（9）吃水果时，不要拿着整个水果去咬，应将水果切成四瓣，再削皮用刀叉取食。

（10）喝咖啡时，如愿意添加牛奶或糖，添加后要用小勺搅拌均匀，将小勺放在咖啡的垫碟上。喝时应用食指和拇指拈住杯把端起来，直接用嘴喝，不要用小勺一勺一勺地舀着喝。

（11）饮用饮料时，应先将口中的咀嚼物咽下，然后将刀、叉在盘中放成八字形或交叉，用餐巾纸将嘴唇擦拭干净再喝。饮用饮料时，最文明的方式是头保持平直，一口口啜饮。

四、西餐上菜的顺序

（1）头盘。也称为开胃品，一般有冷盘和热头盘之分，常见的品种有鱼子酱、鹅肝酱、熏鲑鱼、鸡尾杯、奶油鸡酥盒、焗蜗牛等，如图5-13所示。

（2）汤。大致可分为清汤、奶油汤、蔬菜汤和冷汤等四类。品种有牛尾清汤、各式奶油汤、海鲜汤、美式蛤蜊汤、意式蔬菜汤、俄式罗宋汤、法式葱头汤，如图5-14所示。

（3）副菜。通常水产类菜肴与蛋类、面包类、酥盒菜肴均称为副菜，如图5-15所示。西餐吃鱼类菜肴讲究使用专用的调味汁，品种有鞑靼汁、荷兰汁、酒店汁、白奶油汁、大主教汁、美国汁和水手鱼汁等。

图5-13 头盘　　　　　图5-14 汤　　　　　图5-15 副菜

（4）主菜。肉、禽类菜肴是主菜，如图5-16和图5-17所示。其中最有代表性的是牛肉或牛排，肉类菜肴配用的调味汁主要有西班牙汁、浓烧汁精、蘑菇汁、白尼斯汁等。禽类菜肴的原料取自鸡、鸭、鹅；禽类菜肴最多的是鸡，可煮、可炸、可烤、可焗，主要的调味汁有咖喱汁、奶油汁等。

图5-16 主菜1　　　　　　　图5-17 主菜2

（5）蔬菜类菜肴。可以安排在肉类菜肴之后，也可以与肉类菜肴同时上桌。蔬菜类菜肴在西餐中称为沙拉，如图5-18所示。与主菜同时搭配的沙拉，称为生蔬菜沙拉，一般用生菜、番茄、黄瓜、芦笋等制作。

（6）甜品。西餐的甜品是主菜后食用的，可以算作是第六道菜。从真正意义上讲，它包括所有主菜后的食物，如布丁、冰淇淋、奶酪、水果等，如图5-19所示。

（7）咖啡。饮咖啡一般要加糖和淡奶油，如图5-20所示。

微课11 西餐礼仪

 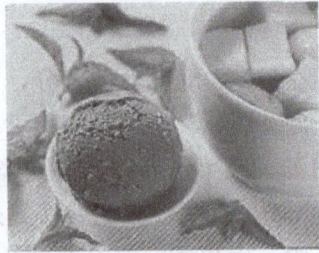 

图5-18 沙拉　　　　　图5-19 甜品　　　　　图5-20 咖啡

知识拓展　自助餐礼仪

1. 排队取菜

自觉维护公共秩序，讲究先来后到、排队选用食物。取菜时，切勿犹豫再三，让身后人久等，更不应挑挑拣拣，甚至直接下手或以自己的餐具取食。

2. 循序取菜

一般自助餐取菜的先后顺序是冷食、汤、热菜、点心、甜品、水果。

3. 量力而行

为避免浪费，选取食物时必须量力而行。

4. 少量多次取菜

用餐者选取某一种菜肴，允许反复多次去取。每次应当只取用一点，待品尝后，如合适自己，可以再次去取。

5. 送回餐具

自助餐强调自主，不但要求就餐者取用菜肴时以自主为主，而且要求在用餐完毕时自觉将餐具送到指定处，做到善始善终。

6. 避免外带

所有自助餐，只许就餐者在用餐现场自行享用，而不允许用餐完毕带回家。

7. 照顾他人

在用餐时，对自己的同伴要多加关心与照顾，但不得自作主张地直接代对方选取食物，更不允许将自己不喜欢或吃不了的食物给对方。

8. 积极交际

必须明确，参加自助餐，吃东西往往属于次要之事，而与他人进行适当交际才是主要任务。一定要寻找机会，如请人引见或是毛遂自荐，积极进行交际活动。

技能训练

训练一：席位排列训练。

创设西餐宴请情境，进行角色扮演，请学生进行席位的安排。

训练二：餐具使用训练。

运用西餐餐具实物，请学生说出各餐具的摆放方法、使用方法及其注意事项。

测一测

1. 如果西式宴请中涉及三桌或三桌以上的桌数，国际上的习惯是桌次的高低以

_____而定，距离主桌越近，桌次_____；距离主桌越远，桌次_____。这项规则也称"主桌定位"。在安排桌次时，所用餐桌的大小、形状应大体相仿。除主桌_____之外，其他餐桌不宜过大或过小。

2．刀叉的使用：_____持刀，_____持叉，先用叉子把食物按住，然后用刀切成小块，再用叉送入嘴内。欧洲人使用时不换手，即从切割到送食物入口均以_____持叉。美国人则切割后，将刀放下换_____持叉送食入口。

3．西餐的上菜顺序是_____、_____、_____、_____、_____、_____、_____。

知识点三 饮品让你与众不同

一、饮酒的礼仪

善于饮酒的人，不仅能饮，而且会饮。要真正做到善用酒水，合乎礼仪，一般需要特别注意搭配菜肴、敬酒干杯和酒量适度三大问题。

1．搭配菜肴

酒水的主要功能是在用餐时开胃助兴。然而欲使酒水正确地发挥这一作用，就必须懂得酒菜搭配之道。

（1）中餐中酒菜的搭配。若无特殊规定，正式的中餐宴会通常要上白酒与葡萄酒这两种酒。从饮食习惯方面来看，中餐宴请中上桌的葡萄酒多半是红葡萄酒，而且一般都是甜的红葡萄酒。

在搭配菜肴方面，中餐所选的酒水讲究不多。爱喝什么酒就可以喝什么酒，想什么时候喝酒也完全自便。正规的中餐宴会一般不上啤酒。啤酒在便餐、大排档就餐时更为多见。客观地讲，以啤酒搭配凉菜，效果要更好一些。

（2）西餐中酒菜的搭配。在正式的西餐宴会里，酒水是主角，不仅因其价格昂贵，而且它与菜肴的搭配也十分严格。一般来讲，吃西餐时，每道不同的菜肴要配不同的酒水，吃一道菜便要换上一种新的酒水。

西餐宴会中所上的酒水，一共可以分为餐前酒、佐餐酒、餐后酒等三种。它们各自又拥有许多具体种类。

餐前酒，别名开胃酒。显而易见，它是在开始正式用餐前饮用，或在吃开胃菜时与之搭配的。在一般情况下，人们喜欢在餐前饮用的酒水有鸡尾酒、味美思和香槟酒。

佐餐酒，又称餐酒。毫无疑问，它是在正式用餐期间饮用的酒水。西餐里的佐餐酒均为葡萄酒，而且大多是干葡萄酒或半干葡萄酒。

在正餐或宴会上选择佐餐酒，有一条重要标准不可不知，即"白酒配白肉，红酒配红肉"。这里所说的白肉，即鱼肉、海鲜、鸡肉，吃它们时须以白葡萄酒搭配。这里所说的红肉，即牛肉、羊肉、猪肉，吃这类肉时则应配以红葡萄酒。鉴于西餐菜肴里的白肉多为鱼肉，故这一说法有时又被表述为"吃鱼喝白酒，吃肉喝红酒"。其实二者的本意完全相同，不过，此处所说的白酒、红酒都是葡萄酒。

餐后酒，指的是在用餐之后，用来助消化的酒水。最常见的餐后酒是利口酒，它又称香甜酒。最有名的餐后酒，是有"洋酒之王"美称的白兰地酒。

2．敬酒干杯

在较为正式的场合，饮用酒水颇为讲究具体的程序。在常见的饮酒程式中，斟酒、祝酒、干杯应用得最多。

（1）斟酒。通常，酒水应当在饮用前再斟入酒杯。主人亲自来斟酒时，必须端起酒杯致谢，必要时还须起身站立，或欠身点头。

主人斟酒时要注意三点：其一，要面面俱到，一视同仁。其二，要注意顺序。可以依顺时针方向，从自己所坐之处开始，也可以先为尊长、嘉宾斟酒。其三，斟酒需要适量。白酒与啤酒均可以斟满。

除主人与侍者外，其他宾客一般不宜自行为他人斟酒。

（2）祝酒。祝酒往往是酒宴中必不可少的一项程序。它具体所指的是，在正式宴会上由主人向来宾提议，为了某种事由而饮酒。在祝酒时，通常要讲一些祝愿、祝福的话。

敬酒，可以随时在饮酒的过程中进行。频频举杯祝酒，会使现场氛围热烈而欢快。通常，致祝酒词最适合在宾主入席后、用餐开始前进行。有时也可以在吃过主菜之后、甜品上桌之前进行。不管是致正式的祝酒词，还是在普通情况下祝酒，内容越短越好。

在他人敬酒或致辞时，其他在场者应停止用餐或饮酒，端坐在自己座位上，面向对方认真地倾听。对对方的所作所为，不要小声讥讽，或公开表示反感。

（3）干杯。干杯指的是在饮酒时，特别是在祝酒、敬酒时，以某种方式劝说他人饮酒，或是建议对方与自己同时饮酒。在干杯时，往往要喝干杯中之酒，故称干杯。有的时候，干杯者相互之间还要碰一下酒杯，所以又被称为碰杯。

干杯，需要有人率先提议。提议干杯者，可以是致祝酒词的主人、主宾，也可以是其他任何在场饮酒之人。提议干杯时，应起身站立，右手端起酒杯，或者用右手拿起酒杯后，再以左手托扶其杯底，面含笑意，目视他人，尤其是自己的祝福对象，口颂祝颂之词。

在主人或他人提议干杯后，应当手持酒杯起身站立。即便滴酒不沾，也要拿起水杯示意。在干杯时，应手举酒杯，至双眼高度，口道"干杯"之后，将酒一饮而尽，或饮适当的量。然后，还须手持酒杯与提议干杯者对视一下，这一过程方告结束。

在中餐里，主人亲自向自己敬酒干杯后，应当回敬主人，与他再干一杯。回敬时，应右手持杯，左手托底，与对方一同将酒饮下。有时，在干杯时，可稍为象征性地与对方碰一下酒杯。碰杯时，不要用力过猛，非听到响声不可。出于敬重之意，可使自己的酒杯低于对方的酒杯。与对方相距较远时，可以"过桥"之法作为变通，即以手中酒杯之底轻碰桌面，这样做也等于与对方碰杯了。

过去，在中餐中喝白酒，干杯必须一饮而尽，杯内不剩残酒，现在则不必非得如此。

在西餐里，祝福干杯讲究只用香槟酒，而绝不可以用啤酒或其他葡萄酒。饮香槟干杯时，以饮去杯中一半的酒为宜，但也要量力而行。在西餐宴会上，人们是只祝酒不劝酒、只敬酒而不真正碰杯的。使用玻璃酒杯时，尤其不能彼此碰杯。

在西式宴会上，越过身边之人而与相距较远者祝酒干杯，尤其是交叉干杯，是不允许的。

3．酒量适度

不管是在哪一种场合饮酒，都要努力保持风度，做到饮酒适量、依礼拒酒。

（1）饮酒适量。在任何时候都不要争强好胜、饮酒过量、惹是生非。

（2）依礼拒酒。因生活习惯或健康等原因而不能饮酒，要注意依礼拒酒，可采用以下方法：

1）申明客观原因。

2）主动以其他软饮料代酒。

3）委托他人代饮。

4）执意不饮杯中酒。

在饮用酒水时，勿忘律己敬人之规：不要酒疯、不酗酒、不灌酒、不划拳。

二、饮茶的礼仪

我国茶文化源远流长，喝茶是我国民族文化的精华之一。茶礼是我国最早重情好客的传统美德与礼节，泡茶、倒茶、喝茶都是有礼可循的。不管是自己喝茶还是去拜访别人喝茶，都要遵循喝茶的基本礼仪。

1．座次安排

茶道讲究的是主随客便，但是从礼仪文化上讲，喝茶要遵循喝茶座次礼仪的原则。

从主人左手方向顺时针旋转，左手边的是尊位，由尊到卑直到主人的右手边，不论怎样的茶桌，都应该遵循这个原则。

尊位的顺序为老年人、领导、女士。如果年龄相差不大，女士优先坐尊位。

2．敬茶礼仪

敬茶应双手奉上，一般首杯茶要敬给桌上德高望重者。当宾主边谈边饮时，要及时添加茶水，体现对宾客的尊重。客人则需善于品尝，小口啜饮，满口生香，而不能作牛饮姿态。

客人用拇指、食指捏起茶盅，观色嗅味，放于鼻唇之间细体味，入定出神，微合双眼，仰首深吸气，放神品论。

3．让茶礼仪

在以茶待客的过程中，为了表现对客人的尊重，主人要为客人不时地斟茶、续水，这种做法也是有寓意的，表示慢慢喝、慢慢叙的意思。

我国古代讲究以茶待客不过三杯，第一杯是敬客茶，第二杯为续水茶，第三杯则是送客茶，所以不论是喝盖碗茶还是工夫茶，让茶应该尽量随便自然。如果一而再再而三地劝饮，就有暗示应该走了的意思。

4．客人回礼

（1）第一道礼仪。所谓的第一道礼仪是在泡工夫茶中，主人冲泡了第一泡茶品，请客人品尝时，客人要表示对对方的尊重，以示回礼。

比较正式的回礼应该是起身，男性抱拳女性合十，一躬，坐下，双手接过（或者双手捧起茶杯）先闻香，后慢慢啜茶一口，放下茶杯，口中称赞主人。

（2）伸掌礼仪。伸掌礼仪是品茶中使用频率最高的礼节，是主客双方都要使用的礼仪。伸掌是表示请与谢谢。

两人对坐时均伸右掌行礼对答。两人并坐时，右侧一方伸右掌行礼，左侧方伸左掌行礼。伸掌姿势是将手斜伸在茶杯旁边，四指自然并拢，虎口稍分开，手掌略向内凹，手腕要含蓄用力，不致显得随便。

5．续茶礼仪

往高杯中续茶水时，左手的小指和无名指夹住高杯盖上的小圆球，用大拇指、食指和中指握住杯把，从桌上端下茶杯，脚一前一后，侧身把茶水倒入客人杯中，以体现举止的文雅。

6．喝茶中的礼仪禁忌

（1）喝茶礼仪要求着装整洁大方，女性切忌浓妆艳抹，大胆暴露；男性应避免不修边幅，如留长发、穿乞丐装等。除了仪表整洁外，还要求举止庄重得体，落落大方。

（2）无论客人、主人，饮茶时都应慢慢地小口细心品尝，切忌大口饮茶。喝茶忌一口闷或者亮杯底的，喝茶和喝酒是有区别的。

（3）第一泡的第一口茶汤，千万不可当着主人的面吐出来，这将视为极大的失礼，甚至可视为是一种挑衅。

三、饮咖啡的礼仪

1．咖啡杯的使用

在餐后饮用的咖啡，一般都是用袖珍型的杯子盛出。这种杯子的杯耳较小，手指无法穿出去。但即使用较大的杯子，也不要用手指穿过杯耳端杯子。正确的拿法应是拇指和食指捏住杯把儿再将杯子端起。

2．给咖啡加糖

给咖啡加糖时，砂糖用咖啡匙舀取，直接加入杯内；为避免咖啡溅出，弄脏衣服或台布，方糖先用糖夹子夹在咖啡碟的近身一侧，再用咖啡匙把方糖加在杯子里。

加糖后，不需用力搅拌咖啡，因为糖和牛奶溶化速度很快。不喜欢加糖和奶的，可把杯耳转向自己的右侧。

3．咖啡匙的使用

咖啡匙是专门用来搅咖啡的，不能用其舀咖啡及捣碎杯中的方糖，饮用咖啡时应把它取出来，放在碟子上。

4．杯碟的使用

盛放咖啡的杯碟都是特制的。它们应当放在饮用者的正面或右侧，杯耳应指向右方。喝咖啡时，可以用右手拿着咖啡的杯耳，左手轻轻托着咖啡碟，慢慢地移向嘴边轻啜。

5．咖啡与点心

喝咖啡可以吃点心，但不能一手端着咖啡杯，一手拿着点心，吃一口喝一口地交替进行。饮咖啡时应当放下点心，吃点心时则放下咖啡杯，二者交错进行。

6．咖啡的饮用量

一般情况，正式场合里饮用咖啡，一杯就可以，最好不超过三杯。喝咖啡时，一般要饮10分钟左右，并要分成10口左右来品尝，这样才显得举止文雅。

7．请客和做客时的咖啡礼仪

作为主人，在家里请客人喝咖啡，不要一手包办，可以让客人自己动手加奶和糖。另外，还可以细心地为懂得喝咖啡的行家准备一杯冷开水，使客人能在冷开水和咖啡之间交替品尝出咖啡的口味。

作为客人，在朋友家里做客喝咖啡时，应将咖啡趁热喝完，这才显得有礼貌。不过，不要一口气把咖啡喝完，而要慢慢啜饮。如果只顾聊天，使咖啡冷却，则辜负主人的一番心意。咖啡配料最好自己动手添加。

喝咖啡时，不要发出声响，不要满把握杯、大口吞咽，也不要低头去够咖啡杯。添加咖啡时不要把咖啡杯从碟子中拿起来。

知识拓展　酒水服务操作技巧

酒水服务是餐饮服务中最重要的内容之一。美酒佳酿不仅能使菜品增色，还有助于顾客间沟通感情、活跃气氛、增进友谊，创造美好的就餐氛围。

一、服务人员斟酒要求

（1）斟酒顺序：先宾后主，先女后男，先老后幼。

（2）斟酒时，站在客人的右侧，面向要服务的客人，右脚迈入两椅之间与左脚成"丁"字形，身体可略前倾，将右臂伸出，进行斟酒服务。

（3）商标朝向宾客，瓶口不与杯口相接触。

（4）起瓶时，旋转手腕并同时收回酒瓶，将其在工作巾上擦拭。

（5）斟倒时，掌握酒出瓶口的速度，做到不滴不洒，按顺时针方向依次进行。

（6）注意操作时，身体不要靠着客人或桌边。

（7）当宾客喝混合饮料时，先斟饮料，后斟啤酒。

（8）斟酒时注意不要左右开弓。

（9）客人需自己斟酒时，酒瓶放置在点酒客人的右手前方。

二、服务人员斟酒量的控制

（1）饮料、啤酒斟倒八分满。

（2）家酿酒、白酒斟倒八分满。

（3）白葡萄酒斟倒七分满。

（4）红葡萄酒斟倒三分满。

（5）白兰地等外国酒斟倒二分满。

（6）香槟酒斟倒七分满。

技能训练

训练一：敬酒干杯训练。

模拟中餐宴请情境，请学生分角色进行敬酒干杯练习，并设计一些祝愿、祝福之言。

训练二：饮茶礼仪训练。

模拟请客与做客情境，请学生分别进行座次的安排、敬茶、让茶、回礼、续茶的训练，并进行展示。

训练三：饮咖啡礼仪训练。

模拟饮咖啡情境，请学生分角色扮演主人和客人进行饮咖啡的训练，并进行展示。

测一测

1．敬酒，可以随时在饮酒的过程中进行。通常，致祝酒词最适合在_____后、_____开始前进行。有时也可以在吃过主菜之后、甜品上桌之前进行。不管是致正式的祝酒词，还是在普通情况下祝酒，内容_____。在他人敬酒或致辞时，其他在场者应_____，端坐在自己座位上，面向对方认真地倾听。

2．饮茶席位的安排应遵循的原则是：从主人_____手方向_____时针旋转，左手边的是_____位，由尊到卑直到主人的右手边，不论怎样的茶桌，都应该遵循这个原则。

3．给咖啡加糖时，_____糖用咖啡匙舀取，直接加入杯内；为避免咖啡溅出，弄脏衣服或台布，_____糖先用糖夹子夹在_____的近身一侧，再用咖啡匙把_____糖加在杯子里。加糖后，不需用力搅拌咖啡，因为糖和牛奶溶化速度很快。不喜欢加糖和奶的，可把杯耳转向自己的_____侧。

成果评价

结合本任务的学习内容，填写表5-2，对中餐活动，西餐活动，饮用酒水、茶水、咖啡的展示进行评价，并在相应的等级中画"√"。

表5-2 餐饮礼仪评价表

评价内容	😄		😐		🙁	
	学生评	教师评	学生评	教师评	学生评	教师评
掌握中、西餐席位的排列						
掌握中、西餐餐具的礼仪						
掌握中、西餐就餐的礼仪						
掌握饮酒的礼仪规范						
掌握饮茶的礼仪规范						
掌握饮咖啡的礼仪规范						

◆ 任务三 掌握乘车礼仪 ◆

案例导入

有一次，丘吉尔准备去参加一个重要会议，司机早早去接他。偏偏那天丘吉尔心情特别好，想过把开车瘾，就和司机换了位置，自己开着车去会场。

他们快到会场时，一个工作人员看到了丘吉尔在驾驶汽车，一下子神情慌张起来，跑到大会负责人那里，着急地说："坏了坏了，不知道来了什么大人物！"负责人很奇怪："为什么呢？""丘吉尔为他开车呢！"

工作人员为什么认为乘客是大人物呢？乘坐轿车时该注意哪些礼仪规范？

_____

_____

_____

知识点 乘坐交通工具的礼仪

一、乘坐轿车的礼仪

乘坐轿车时，应当注意的礼仪问题主要涉及座次、上下车顺序、言行举止三个方面。

1. 座次

在比较正规的场合，乘坐轿车时一定要分清座位的主次；而在非正式场合，则不必过分拘礼。轿车上的座次，在礼仪上来讲，主要取决于以下三个因素。

（1）轿车的驾驶者。在驾驶双排座、三排座轿车时，若由主人亲自驾驶轿车，一般前排座为上，后排座为下；以右为上，以左为次，中间座为下。乘坐主人驾驶的轿车时，最重要的是不能令前排座空着。一定要有人坐在副驾驶位，以示相伴。若由专职司机驾驶轿车，通常仍讲究右尊左低，但座次同时变化为后排为上，前排为下，如图5-21所示。

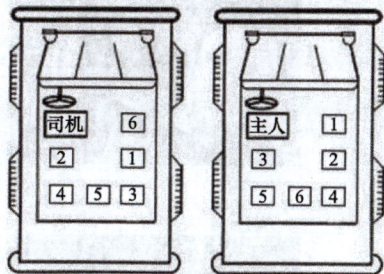

图5-21　轿车座次图

四排以及四排以上座位的大中型轿车，不论由何人驾驶，均以前排为上，以后排为下，以右为尊，以左为卑，并以距离前门的远近，来排定其具体座次的尊低。

（2）轿车上座次的安全系数。乘坐轿车要考虑安全问题。在轿车上，后排座比前排座要安全得多。最不安全的座位是前排右座，最安全的座位是后排左座（驾驶座之后）。

（3）轿车上嘉宾的本人意愿。在正式场合乘坐轿车时，应请尊长、女士、来宾就座于上座，这是给予对方的一种礼遇。当然，要尊重嘉宾本人的意愿和选择，并要将这一条放在最重要的位置。嘉宾坐在哪里，即应认定哪里是上座。即便嘉宾不明白座次，坐错了地方，也不要轻易指出或纠正。

上面的这几条因素往往相互交错，在具体运用时可根据实际情况而定。

2．上下车顺序

上下车要讲究先后顺序，其基本要求是：倘若条件允许，须请尊长、女士、来宾先上车、后下车。

（1）主人亲自驾车。主人要后上车、先下车，以便照顾客人上下车。乘坐由专职司机驾驶的轿车时，坐于前排者，要后上车、先下车，以便照顾坐于后排者。

（2）专职司机驾车。乘坐由专职司机驾驶的轿车，并与其他人同坐于后排时，应请尊长、女士、来宾从右侧车门先上车，自己再从车后绕到左侧车门后上车。下车时，则应自己先从左侧下车，再从车后绕到右侧车门帮助对方下车。若左侧车门不宜开启，于右门上车时，要里座先上、外座后上。下车时，要外座先下、里座后下。总之，以方便易行为宜。乘坐多排座轿车，通常应以距离车门的远近为序。上车时，距车门最远者先上，其他人随后由远而近依次而上。下车时，距车门最近者先下，其他随后由近而远依次而下。

3．言行举止

（1）动作优雅。在轿车上切勿东倒西歪。穿短裙的女士上下车最好采用背入式或正出式，即上车时双腿并拢，背对车门坐下后再收入双腿；下车时正面面对车门，双脚着地后再移身车外，如图5-22和图5-23所示。

（2）清洁卫生。不要在车上吸烟，或是连吃带喝，随手乱扔；不要往车外丢东西、吐痰或擤鼻涕；不要在车上脱鞋、脱袜、换衣服，或是用脚蹬踩座位；更不要将头、手、腿或脚伸出车窗之外。

图5-22　女士上车方式

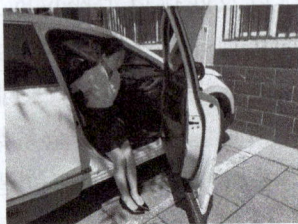

图5-23　女士下车方式

（3）安全为重。不要与驾车者长谈，以防其开车走神。不要让驾车者接听移动电话。协助尊长、女士、来宾上车时，可为之开门、关门。在开、关车门时，不要弄出大的声响或夹伤人。在协助开关门时，应一手拉开车门，一手挡住车门门框上端，以防止发生碰伤。当自己上下车、开关门时，要先看后行，不要疏忽大意，伤及他人。

客人在进车之前应先拉开车门，以手掌扶住车门框，以防客人进车时撞到头，等所有客人进完之后，轻关车门。

二、乘坐飞机的礼仪

现代社会生活中，飞机已经成为非常普遍的交通工具之一，人们常乘飞机出差、旅行。因此，需要知道乘飞机时的礼仪。一般来说，乘飞机要注意的礼仪包括三个方面：一是登机前的候机礼仪；二是登上飞机后的机舱礼仪；三是到达目的地下飞机的礼仪。

1. 候机礼仪

（1）提前一段时间去机场。这是乘坐飞机前的基本要求。一般来说，国内航班要求提前一小时到达，国际航班需要提前两小时到达，以便托运行李、检查机票、确认身份、安全检查。遇到雨、雪、雾等特殊天气，应该提前与机场或航空公司取得联系，确认航班的起落时间。

（2）行李要尽可能轻便。手提行李一般不要过重、过大，以便携带，其他行李则要托运。国际航班上，对行李的重量有严格限制，一般为32～64kg（不同航线有不同的规定）。如果行李超重，要按一定的价格收费。若有金属的物品，则应装在托运行李中。

在机场，旅客可以使用行李车来运送行李。在使用行李车时要注意爱护，不要损坏。在座位上休息时，行李车不要横在通道内，影响其他旅客通行。

（3）乘坐飞机前要领取登记牌。大多数航班都是在登记行李时由工作人员为乘客选择座位，发放登记牌。登记牌要在候机室和登机时出示。如果没有提前购买机票或未订到座位，需在大厅的机票柜台买票登机。

现在的电子客票基本是用有效的证件，到机场可以自助办理登机牌。但是，在有些城市，机票还需要人工办理。在旅客换完登机牌后，一定要注意看登机牌的具体登机时间。如果航班有所延误，需要听从工作人员的指挥，不能大声喧哗，造成秩序混乱。

（4）通过安全检查。乘飞机要切记安全第一，不要拒绝安全检查，更不能图方便而从安全检查门以外的其他途径登机。乘客应配合安检人员的工作，将有效证件（身份证、护照等）、机票、登记卡交安检人员查验。放行后通过安检门时，需要将电话、钥匙、小刀等金属物品放入指定位置，手提行李放入传送带。当遇到安检人员对自己所携带的物品产生怀疑时，应积极配合。若有违禁物品，要妥善处理，不应妄加争辩，扰乱秩序。乘客通过安检门后，注意将有效证件、机票收好，以免遗失，只需持登记牌进入候机室等待即可。对于乘客所携带的液体物品及其数量，航空公司有严格的限制。当需要携带过多的饮料、酒等物品时，请提前与相关部门确认。

（5）候机厅内礼仪。在前往登机口的途中，可乘坐扶梯，但要单排靠右站立，将左侧留给需要急行的人。在候机大厅内，一个人只能坐一个位子，不要用行李占位子。而且，注意异性之间不要过于亲密。候机厅内设有专门的吸烟区，在此之外都是严禁吸烟的。候机厅里面一般设有商店、书店等，如果等待的时间较长，可以在此浏览观看商品，但是要注意不能大声喧哗。

（6）向乘务员致意。上下飞机时，均有乘务员站立在机舱门口迎送乘客。她们会向每一位通过舱门的乘客热情问候。此时，作为乘客应有礼貌地点头致意或问好。

2．机舱礼仪

登机后，旅客需要根据飞机上座位的标号按秩序对号入座。

飞机座位一般分为两个主要等级，也就是头等舱和经济舱。经济舱的座位设在中间到机尾的地方，占机身3/4空间或更多一些，座位安排较紧；头等舱的座位设在靠机头部分，服务较经济舱好，但票价较高。

登机后，经济舱的乘客不要因头等舱人员稀少就抢坐头等舱的空位。找到自己的座位后，要将随身携带的物品放在座位上方的行李箱内，较贵重的东西放在座位下面，自己保管好，不要在过道上停留太久。

（1）飞机起飞前。乘务员通常会给旅客示范如何使用氧气面具和救生器具，以防意外。飞机上要遵守"禁止吸烟"的规范，同时禁止使用移动电话、收音机、便携式计算机、游戏机等电子设备。在飞行的过程中，一定不要使用手机，以免干扰飞机的系统，发生严重后果。在飞机起飞和降落以及飞行期间出现颠簸情况，乘客都要系好安全带。

（2）飞机起飞后。乘客可以看书看报，邻座旅客之间可以进行交谈，但不宜隔着座位说话，也不宜前后座说话，声音不要过大。不宜谈论有关劫机、撞机、坠机之类的不幸事件，也不要对飞机的性能与飞行信口开河，以免增加他人的心理压力，制造恐慌。飞机上的座椅可以小幅度调整靠背的角度，但应考虑前后座的人，不要突然放下座椅靠背或突然推回原位；更不能跷起二郎腿摇摆颤动，这会引起他人的反感。用餐时要将座椅复原，吃东西要轻一点。

飞机上的饮料是不限量免费供应的。但需要注意的是，在要饮料的时候只能先要一种，喝完了再要，以免饮料洒落。而且，由于飞机上的卫生间有限，旅客应尽量少喝饮料。在乘务员发送饮料的时候，坐在外边的旅客应该主动询问里面的旅客需要什么，并帮助乘务员递进去。在飞机上是可以喝酒的，但只是为了促进饮食，不能像在饭店里一样推杯换盏，尤其要注意的是千万不要酗酒。由于飞机所能承受的垃圾数量有限，所以旅客最好不自带零食，尤其是一些带壳的零食。此外，旅客不要把飞机上提供的非一次性用品带走，如餐盘、耳机、毛毯等。

在飞机上，因为人们旅途比较劳累，为了更舒服地旅行，可以脱下鞋充分休息。所以，脱鞋行为本身并不失礼，但是不能因为脱鞋而污染空气味道，给其他旅客带来不快。

避免小孩在飞机上嬉戏喧闹。遇到飞机误点或改降、迫降时不要紧张，最好不要向乘务员发火，实际上这样的行为对于整个事件无济于事。

3. 下机礼仪

停机后，要等飞机完全停稳后，乘客再打开行李箱，带好随身物品，按次序下飞机。飞机未停妥前，不可起立走动或拿取行李，以免摔落伤人。

乘坐国际航班下飞机要办理入境手续，通过海关便可凭行李卡认领托运行李，许多国际机场都有传送带设备，也有手推车以方便搬运行李，还有机场行李搬运员可协助乘客。在机场除了机场行李搬运员要给小费外，其他人不给小费。

下飞机后，如一时找不到自己的行李，可通过机场失物招领处查寻，并填写申报单交航空公司。如果行李确实丢失，可要求航空公司照章赔偿。

三、乘坐公共交通工具的礼仪

公共交通是我国城市居民最常用的交通工具，主要包括公交车、地铁、轻轨等。平时上下班、双休日上街购物，通常都会选择票价便宜又环保的公共交通工具。乘坐公共交通工具时，应讲究以下礼仪。

1. 依次上车

在起点站，乘客应自觉排队等候，依顺序上车。车靠站停稳后要先下后上，不要拥挤推搡。车靠站后应主动让老弱病残、妇女儿童先上。上了车的乘客应酌情向车厢内移动，不要堵在车门口，以免妨碍后面的乘客上车。

2. 主动购票

乘客上车前后应主动购票（刷卡）或出示免票证件。乘坐无人售票车时，无卡乘客应将事先准备好的钱币自觉投入票款箱内。

3. 互谅互让

在车上遇到孕妇、病人、老人或抱孩子的乘客，有座位的年轻乘客应主动让座。当他人给自己让座时，要立即表示感谢。

4. 注意卫生

乘客在车上不要吸烟，不要随地吐痰、乱扔果皮和纸屑。随身携带包裹的乘客，应妥善保管好物品，以免丢失或妨碍其他乘客。

四、乘坐出租车的礼仪

路边招停，以不影响公共交通为宜。乘坐出租车，一般应在出租车停靠站点叫车。其他情况叫车时，应在既不影响交通又安全的地方。不要在路口，尤其是有红绿灯的路口和有黄色分道线的区域叫车，也不要在公共汽车站、快车道旁叫车。

同女士、长者、上司或嘉宾打车时，应当照顾其先上车。

一般情况下，乘客应当坐在后排，座次依据上下车是否方便、坐者是否舒适入座为原则。多人乘车时，由付费或带路的一方坐前排副驾驶座。

上下车、开关门时要前后观察，以防伤及他人。

保持车内卫生。不在车内吸烟，不往车外吐痰、扔杂物，不在车上脱鞋、脱袜、换衣服，湿雨伞和雨衣不要放在乘客座椅上，不要用脚蹬踩座位，更不要将手、腿、脚伸出车窗外。不要将垃圾、废弃物遗留在车上。

在出租车行驶过程中，乘车人之间可适当交谈，但不宜与司机过多交谈，以免司机分神。话题一般不要谈及车祸、劫车、凶杀、死亡等使人感到晦气的事。

按计价器付钱，不提无理要求。对出租车司机要谦和有礼，下车时对司机说声"谢谢，再见"，会让司机感到温暖愉快。

微课 12 交通礼仪

知识拓展 汉代乘车礼仪

在我国汉代，乘坐马车也需要遵守基本的御礼规范。贾谊《新书·容经》中就记载了坐车之容和立车之容。"坐车之容：坐乘以经坐之容，手抚式，视五旅，欲无顾，顾不过毂。小礼动，中礼式，大礼下。立车之容：立乘以经立之容，右持绥而左臂诎，存剑之纬，欲无顾，顾不过毂。小礼据，中礼式，大礼下。"

在仪表方面，乘坐者的装束必须齐整。在举止方面，坐乘者需以手抚轼（马车前面的横木），行轼礼表示尊敬，同时注视车前的马尾，尽量不回头看，即便回头，视线也不能越过车毂（车轮中心的圆木）。此外，立乘时还需注意右手执车绥（登车时用于拉手的绳索），左手屈臂按剑。

如果乘车者在路上遇到他人，会因乘车者与路遇对象的身份比较而施以不同规格的礼仪。例如：君王、大夫同行路遇长寿的老者，君王行轼礼，而大夫要下车致敬；君王之车在卿的朝位之前要停驻片刻以表示对贤者的尊重；君王经过宗庙时要下车步行，遇到准备在祭祀期间宰杀的牲牛要行轼礼；大夫和士经过君王的门前要下车步行，遇到君王的御马要行轼礼。

　　若乘坐者不遵循有关的礼仪，还有可能招致惩罚。如《史记》记载："宫卫令'诸出入殿门公车司马门，乘轺传者皆下，不如令，罚金四两。'"而乘车之人若遇到其他乘车者施礼，则要以更高的礼数还敬。如遇国君行轼礼，大夫就要下车致敬；遇大夫行轼礼，士也要下车致敬。记载有云："国君抚式，大夫下之。大夫抚式，士下之。"

技能训练

　　训练一：练习上下车的姿态。

　　两人一组，互相检查、观看练习上下车的姿态。

　　训练二：情景模拟。

　　各组设计情景，分别扮演接待方领导、接待方司机、来访领导和来访翻译，练习接待客人上下车，并合理安排座次。

测一测

　　1．乘坐飞机登机前应注意哪些方面？

　　2．收集生活中交通礼仪方面不文明的行为，在班级内进行讨论交流，说明错在哪里、应该怎么做。

成果评价

　　结合本任务的学习内容，进行乘坐轿车礼仪的展示，填写表5-3对展示进行评价，在相应的等级中画"√"。

表5-3　乘坐轿车礼仪的展示评价表

评价内容		😄		😐		🙁	
		学生评	教师评	学生评	教师评	学生评	教师评
轿车座次安排	主人驾车						
	司机驾车						
上下车顺序							
上下车动作举止							

学习目标

- 掌握涉外交往中常用的礼仪规范。
- 在涉外交往中遵守国际交往的基本原则。
- 了解他国的习俗与禁忌，在涉外交往中体现对外宾的尊重。
- 通过得体的行为，在涉外交往中展示良好的国际形象。

◆ 任务一 了解涉外礼仪 ◆

案例导入

一次，某外国企业的考察代表团来国内某合作企业进行考察。当天，国内企业的翻译小姐陪同客人外出参观，在上电梯的时候，一位男客人请这位翻译小姐先上，可是这位小姐谦让了半天，执意要让客人先行。事后这些客人抱怨说："我们在这次旅行中显示不出绅士风度来，接待我们的女士们都坚持处处让我们优先。"比如，上下车或进餐厅时，接待他们的女士坚持让他们先走，弄得他们很不习惯，甚至觉得受了委屈。后来，国内企业人员多次向对方解释，中国是"礼仪之邦"，遵循"客人第一"的原则。虽然对此解释外方代表表示理解，但不免感到类似举动会让他们窘迫和不太适应。

你对案例中外方代表的说法有何感想？应如何解决类似问题？

_____

_____

_____

知识点 掌握涉外交往礼仪

名人名言

海内存知己，天涯若比邻。

——王勃

涉外礼仪是人们在对外交往中，用以维护自身形象，向交往对象表示尊敬和友好，并且沟通情感的约定俗成的习惯做法。懂得涉外礼仪，是日常生活和工作的需要，也是一个人文明素质的体现。掌握涉外礼仪不仅能展现出我们礼仪之邦的国民应有的风范，而且对塑造国家和民族的良好形象有重要意义。

一、涉外交往礼仪的基本原则

在涉外交往中，不仅应该具备基本的政治思想素质、良好的业务水平和强烈的公关意识，还应该熟悉和掌握一些基本的准则并在交往中严格遵守。

1．求同存异原则

世界各国的礼仪与习俗都存在着一定程度的差异性。在涉外交往中，一定要提前了解交往对象所在国的礼仪与习俗的具体不同。为了便于沟通，减少误会，一般遵循"求同存异"的原则。"求同"即要遵守礼仪的"共性"，自觉遵守国际惯例和国际上通行的礼仪规范；"存异"即尊重各地的礼仪差异，不同之处要加以理解和尊重。

2．入乡随俗原则

在国际交往中，"入国问禁，入乡问俗，入门而问讳"是涉外活动的基本常识。"入乡随俗"的基本含义是：出于对外方人士的尊重，在与对方打交道时应尊重其独特的风俗习惯。当我方人员前往其他国家、地区进行学习、访问、工作、参观、旅行或进行其他公务活动时，则更要注意了解和尊重当地所特有的风俗习惯，做到"客随主便"。在外事工作中，如果做不到"入乡随俗"，或者对其缺乏应有的重视，实际上就是对外方人士的不尊重。

倘若外方的某些习俗不合时宜，有辱我方的国格与人格，有悖社会公德或危害我方人员的人身安全时，我方人员也不能无原则、无条件地盲从。应做到自尊、自信，谨慎但不拘谨，在维护国家利益和民族尊严的前提下，以平等、友善的态度礼貌待人。

3．区别对待原则

在涉外活动中，作为参与者必须尊重他国的习俗。不同国家的礼仪和习俗往往都有其特定的适用范围。有的礼仪与习俗为我国所特有，有的礼仪与习俗为他国所独具，有的礼仪与习俗则通行于国际社会。因此，在涉外活动中要有所区别，任何礼仪与习俗，都只有在其特定的适用范围之内才能发挥作用。

二、涉外礼仪的八项通则

1．个人形象

在国际交往之中，人们都十分重视遵照国际规范，得体地塑造和维护个人形象。这就是个人形象原则。

2．不卑不亢

所谓不卑不亢，实际上就是要表现自然，待人真诚，既不畏惧自卑、低三下四，也不狂妄自大、嚣张放肆。与外国人交往，我们代表的是自己的国家和民族，代表着自己国家和单位的形象。为此，个人的一言一行都应该从容得体，不卑不亢，既从思想上高度重视，又要在行动上付诸实施。一方面，虚心学习外国的长处和经验，尊重别国的风俗习惯；另一方面，也不能盲目乐观、孤芳自赏，反对妄自尊大、盛气凌人。

3．信守约定

认真严格地遵守自己的承诺，说话务必算数，许诺一定兑现，约会必须要如约而至。尤其需要恪守在一切有关时间方面的正式约定。

4．热情适度，内外有别

涉外交往中要把握好热情有度之中的"度"，不仅待人要热情友好，更为重要的是要把握好待人热情友好的具体分寸，否则就会事与愿违，过犹不及，会使人厌烦或怀疑你别有用心。具体体现三个不同的方面：关心有度、批评有度、交往有度。

5．谦虚适当

反对一味地抬高自己，但也绝对没有必要妄自菲薄，自我贬低，自轻自贱，过度对人谦虚客套。

6．尊重隐私

尊重隐私是指提倡在国际交往中尊重每一位交往对象的个人隐私，不打探其不愿公开的私人事宜。在涉外交往中，尊重隐私实际上具体表现为人们在交谈中的下述"八不问"，即不要问收入支出、年龄、婚姻、健康、家庭住址、个人经历、信仰、政见等。

7．女士优先

女士优先是指在一切社会场合里，每一名有教养的成年男子都要积极主动地用实际行动去表示自己对妇女的尊敬之意，并应在具体行动上为妇女排忧解难。它是国际社会通行的交际惯例之一。

8．以右为尊

在并排站立、行走、就座、会见、会谈、宴会席次和桌次、乘车、挂国旗等都应遵循以右为尊的原则。

三、涉外日常交往的礼节

涉外日常交往中的常用礼节是指导我们进行涉外交往的基本规范，主要包括礼宾次序、付小费礼节、馈赠、游览等涉外交际礼节。

1．礼宾次序

在涉外交往中，礼宾次序是一个政治性较强而又较为敏感的问题。因为它体现了东道国对各国宾客所给予的待遇。如果安排不当或不符合国际惯例，则会引起不必要的争执和交涉，甚至会影响到两国之间的关系。

常见的礼宾次序有两大类：一类是指明确区分参与者的身份高低、上下、长幼等方面的关系，目的是给高者、上者、长者相应的尊重和礼遇，以表现主人的谦谦风度；另一类是为了表示所有参与者在权利、地位上是完全平等的。

（1）关系不对等时的排列次序。参与者关系不对等时，排列次序应按照地位高低、职务上下、年龄长幼、关系亲疏、实力强弱来排列。

其基本规则是：上级在先，下级在后；尊者在先，次者在后；长辈在先，晚辈在后；实力强者在先，弱者在后；女士在先，男士在后。高者、尊者的具体确定，根据活动的目的、内容、主人的价值取向和客观需要等不同情况来决定。例如，官方活动可以以职位高低为标准，经济活动可以实力强弱为依据，等等。就主席台上的位次而言，按前后排关系，前排就座者为高、为尊、为强，后面各排依次递减。在同一排上，中间为高、为尊、为强，两边各位置依次递减。就两侧的同位置而言，右边为高、为尊，左边次之。

（2）关系对等时的排列次序。参与者的关系对等时可以采用下列方法排列：

1）按字母顺序排列。在多边活动中，礼宾次序常采用按参加国国名字母顺序排列的方法。使用这一排列方法一般以英语字母顺序排列最为常见。为了避免有些国家总是占据前排席位，也常用抽签的办法来决定本年度的席位以哪个字母打头，以便让各国都有机会排列在前。在国内礼仪活动中，按个人姓名和组织名称的第一个字的笔画多少和笔顺排列次序，也是同一道理。

2）按通知代表团组成的日期先后排列。在一些国家举行的多边活动中，按通知代表团组成的日期先后顺序排列礼宾次序，也是经常采用的办法之一。其具体做法可分为以下三种情况：

① 按派遣国通知东道国该国代表团组成的日期先后顺序排列。

② 按派遣国决定应邀派遣代表团参加该活动的答复时间的先后顺序排列。

③ 按各国代表团抵达活动地点的时间先后顺序排列。

采取何种排列方法，东道国须在致各国的邀请书中加以注明。

2. 国旗的悬挂

国旗是一个国家的标志，是国家的象征。人们往往通过悬挂国旗，表示对本国的热爱和对他国的尊重。但是，在一个主权国家领土上，一般不得随意悬挂他国国旗。不少国家对悬挂外国国旗都有专门的规定。在国际交往中，还形成了悬挂国旗的一些惯例。

按照国际关系准则，在官方的迎宾仪式中，在举行国际会议、博览会、体育比赛等活动时，应悬挂所有参加国的国旗。国旗悬挂的礼仪应特别注意以下三点。

（1）方式。悬挂多面国旗，一般有并挂（见图6-1和图6-2）、竖挂（见图6-3和图6-4）和交叉挂三种（见图6-5）。

图6-1　两面国旗并挂　　　　　　图6-2　三面以上国旗并挂

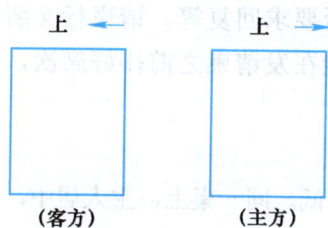

图6-3　竖挂1　　　　　　图6-4　竖挂2　　　　　图6-5　交叉挂

（客方为反面，主方为正面）　　　（双方均为正面）

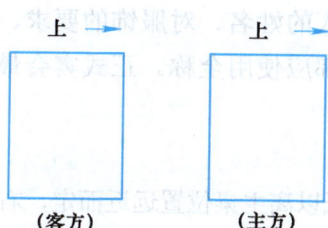

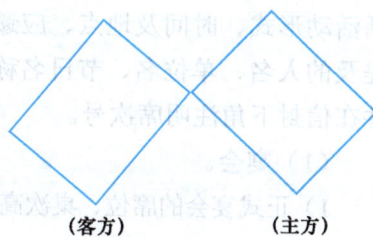

上←　（客方）　上→　（主方）　上→　（客方）　上→　（主方）　（客方）　（主方）

由于有些国家国旗上文字、图案的原因，因此一般不选择竖挂，在墙壁上悬挂国旗也不能竖挂或交叉挂。

（2）位次。按照国际惯例，并排悬挂国旗应以右为上、以左为下（以旗面面向观众的方向为准），即客方在右，主方在左。如迎宾汽车上悬挂国旗，以汽车行进方向为准，驾驶员左手为主方，右手为客方。

（3）禁忌。任何国旗不可倒挂。正式场合国旗悬挂应以正面（旗套在旗的左方）面向观众，不可用反面。室外的旗杆或建筑物上悬挂国旗，应日出升旗日落降旗。升旗奏国歌时，在场人员必须起立，脱帽，行注目礼；不许随意走动、嬉笑喧哗。

3．涉外交际礼节

（1）迎送。在送行时，要事先确认航班，办好入境入关手续，迎接时先握手后献花，礼宾人员引导应走在外宾左前方约1m处，左手指示方向，右手引领，一般不要触及客人的身体。

（2）介绍。低职位介绍给高职位，年少介绍给年长，资历浅的介绍给资历深的，男性介绍给女性，未婚介绍给已婚。

（3）称谓。高职位以职衔相称，突出学历、职称、荣誉，尽量使用敬语，如先生、小姐、女士、阁下。

（4）握手。目视对方，面带表情，用力适当，上下轻摇，避免交叉。地位较高者、年长者、女士和主人先伸手。

（5）乘车。小轿车客人坐第二排右侧，主人坐左侧，翻译坐副驾驶座位。大轿车客人坐前排。

（6）会见、会谈及座位安排。

1）会见。沙发半圆形排列，客人在右侧，主人在左侧。座位突出2或4人。翻译记录坐后面。

2）会谈。长条桌，客方座位面向门或入门的右侧，主人背向门或入门的左侧。如摆国旗则摆在主客方相对应的位置。主客方人员座位，从各自方的一边中间开始，按右左顺序、职务高低排列。会见、会谈桌面只摆放茶、饮料、纸笔，不必摆放水果。

4．涉外宴请礼仪

宴请的常见形式：涉外宴请分宴会、冷餐招待会、酒会、茶会等形式。

各种宴请活动，一般应发请柬，这既是礼貌，也可对客人起备忘的作用。请柬内容包括活动形式、时间及地点、应邀人的姓名、对服饰的要求、是否要求回复等。请柬行文所提及的人名、单位名、节日名称都应使用全称。正式宴会最好能在发请柬之前排好席次，并在信封下角注明席次号。

（1）宴会。

1）正式宴会的席位、桌次高低以离主桌位置远近而定，右高左低。同一桌上，主人居中，主宾位于主人右侧，其他席位的高低以离主人的座位远近而定。外国的习惯是男女交叉安排。

2）宴会厅的布置应该严肃、庄重、大方。不要用红绿灯、霓虹灯装饰，可以少量点缀鲜花。

3）用餐前20min，应将冷盘放好。凡是花式冷盘，如凤凰、孔雀、蝴蝶等拼盘以及鸡、鱼等，头要朝主位。食品、饮料摆放好后，服务人员不要离开餐厅。主宾落座后，即可斟果酒、汽水等。

4）宴会如有人讲话，要拟好书面讲稿。通常，主宾双方事先要交换讲话稿。

5）主、宾讲话在宴会开始时进行。主人、主宾讲话时，其他人员不得用餐。

6）主桌首次起立祝酒时，其他桌也应起立祝酒；一般情况下，主桌祝酒之前，其他桌不可首先起立或串桌祝酒。

7）宴会进行中，主人和陪客应普遍地同外宾交谈，不要只和个别外宾或己方人员之间长谈而冷落其他客人。

8）便宴不排位置，不作正式讲话，菜肴可丰可俭，气氛较为随便。

9）工作进餐是现代国际中经常采用的一种非正式宴请形式（有时由参加人员各自付费），利用进餐时间，边谈问题边进餐。此类活动一般只请与工作有关的人员。

（2）冷餐招待会。冷餐招待会与自助餐的形式基本相同。自助餐和冷餐招待会有如下细微区别。

1）自助餐。四季皆宜，荤素皆有，菜品形式多样。热菜的比例可根据季节变化和客人的要求进行调整。这些菜品造型美观大方，卫生清爽，口味多样，口感丰富，并且可以尝到风味小吃以及独特的地方风味。自助餐是交流感情和交换意见的好场所。客人可自由组合，随意走动，挑选自己喜爱的食物。

2）冷餐招待会。冷餐招待会与自助餐的形式基本相同。冷餐招待会基本上以格调高雅、风味独特的冷菜、饮料、低度酒为主，更适合夏季食用，并非以进餐为主要目的，它通常适用于招待会、新闻发布会等。

（3）酒会。酒会又称鸡尾酒会，除了鸡尾酒外，还有其他类的非烈性酒及各种果汁。食品多为三明治、面包、炸春卷及香肠之类的小吃，人们可用牙签取食。一部分饮料和食品，事先摆放在茶几上；另一部分由招待员随时以托盘端送。酒会可自由入座，也可不设座椅，站立进餐，以便进餐者自由地活动和随意攀谈，如图6-6所示。酒会一般在中午或傍晚举行，时间较短。

图6-6　酒会

（4）茶会。茶会是一种更为简便的招待仪式，常在客厅或室外花园举行，不排席位，可以随便就座，主宾和主人坐在一起。茶会主要请客人品茶（也有喝咖啡的），茶叶、茶具的选择都有讲究。除茶之外，还可以略备点心和地方风味小吃。

5. 涉外参观游览礼仪

涉外参观游览，是指外国客人在访问或旅游期间对一些风景名胜、单位设施等进行实地游览、观看和欣赏。来访的外国人及我方出访人员，为了了解所访问国家情况，达到出访目的，都应组织一些参观游览活动。

（1）安排参观游览的基本程序。

1）项目的选定。根据访问目的、性质和客人的意愿、兴趣、特点及东道主当地实际条件来确定参观游览项目。例如，访问者为企业家、商人和有关专业人员等，可安排参观与其有关的部门、单位，同时安排一些有地方特色的游览项目，结合当地实际情况选定某些参观的项目；对年老体弱者不宜安排长时间的步行项目，心脏病者不宜登高。一般来说，对身份地位较高的代表团，可提前了解其需求；对一般代表团，可在其到达后提出方案，如果确实有困难，可如实奉告，并适当解释。

2）安排布置。当参观游览项目确定后，应制订详细活动计划和日程，包括参观路线、座谈内容、交通工具等，向被接待单位交代清楚，并告知全体接待人员。同时及时通知有关接待单位和人员，以便各方密切配合。

3）陪同。按国际交往礼节，外宾前往参观时，一般都由身份相应的人员陪同。若由身份高的主人陪同，应提前通知对方。参观现场的在岗人员，不要围观客人，遇到客人问话，可有礼貌地回答。

4）介绍情况。参观游览的重点是解说介绍。介绍情况要实事求是，运用材料、数据要确切，不可一问三不知，也不可含糊其辞。确实回答不了的，可表示自己不清楚，待咨询有关人员后再答复。遇较大的游览团队，宜用扩音话筒。另外，遇到有保密部分的，则不能介绍，如客人提出要求，应予以婉拒。

5）乘车、摄影和用餐安排。在出发之前，要及时检查车况，分析行车路线，预先安排好各项事宜。路远的还要预先安排好中途休息室，要把出发、集合和用餐的时间、地点及时通知客人和全体工作人员。通常可以参观的地方都允许拍摄。遇到不让拍摄的项目，应先向来宾说明，并在现场竖立英文的说明标志。

（2）出国参观礼仪。出国参观所提出的参观项目，要符合访问目的，但也要客随主便，不要强人所难。出访人员组团要求参观，可通过书面、电话或面谈方式向接待单位提出，经允许后方能进行。在商定之后，要核实时间、地点和路线。参观过程中，可以广泛接触、交谈，以增进友谊，同时也要注意对方的风俗和宗教习惯。如要拍照，需事先向接待人员了解有无禁止拍摄的规定。参观完毕，向主人表示感谢。

参观过程中应专心听取介绍，不可因介绍枯燥或不对口味而显露不耐烦和漫不经心的情绪，这是极其不礼貌的行为。参观游览对服装要求不严格，不必穿礼服，穿西装可以不打领带，但应注意整洁、整齐，修整仪容。参观完毕，应向主人表示感谢，上车离开时应在车上向主人挥手道别。

（3）涉外参观游览的注意事项。

1）许多国家规定一些禁区或一些地方禁止拍照，一般都有明显的标志。但在边境口岸、机场、博物馆、新产品展览处、古文物、私人住宅等地，即使没有设立不准拍照的标志，也禁止拍照。

2）不能随意对着不认识的人拍照。拍照时注意不要影响、妨碍他人通行。

3）国外的街心公园、动物园、植物园和一些大的私人住宅里常有松鼠、候鸟、鸽子、天鹅等动物，禁止用手抓捕和挑逗。

4）国外的私人住宅、街道两旁、街心公园等均有花草树木，不要随便采花摘叶、攀登树木或践踏绿色草坪。在街上行走，穿越马路要注意安全，遵守交通规则；不要乱扔果皮、纸屑等，体现良好的个人修养。

5）尽可能了解访问国的历史、政治、经济和文化背景等情况，尽量多学几句东道国的语言，如"您好""谢谢""再见"等日常寒暄用语。

6．外事馈赠礼仪

礼尚往来是国际上通行的社交活动规则之一，是向对方表达心意的物质表现。在外事活动中，为了向宾客或对方表示恭贺、感谢或慰问，常常需要赠送礼物，以增进友谊与合作。

（1）赠送礼品。在涉外交往中，为了表达友谊、祝贺或为了纪念，往往需要送一些小礼品。选择礼品时应考虑客人的个人爱好、习惯和忌讳，同时应考虑小礼品的纪念意义、民族特色、艺术价值和实用价值。一般可选用当地小件土特产、工艺品、纪念品、水果鲜花等。馈赠的礼品要用礼品纸包扎，并用彩带系上花结，如图6-7和图6-8所示。外国人接到礼品后往往有当面打开包装并加以欣赏、赞赏的习惯，当遇到这种情况时，送礼人可进一步对礼品作一些介绍说明。

图6-7 礼品1

图6-8 礼品2

为外国人挑选礼品时，除了应当严格恪守以上原则外，还应当了解下列8类物品一般不宜被选作礼品送给外国人。

①　一定数额的现金、有价证券。在对外交往中拒收现金和有价证券，因为人们普遍认为接受这类礼品难脱受贿之嫌。

②　天然珠宝与贵重首饰。其原因与第一类大体相似。

③　药品与营养品。在国外，身体健康状况属于个人隐私，因此将药品和营养品赠送给外国人，通常都不受对方欢迎。

④　广告性、宣传性礼品。将带有广告词、宣传用语或明显的公司标志的礼品赠送给外国人，往往会适得其反，被对方误解为是在利用对方，或是借机进行宣传（自己公司的产品除外）。

⑤　易引起异性误会的物品。向关系普通的异性送礼时，千万不要弄巧成拙，误送示爱的物品或对对方表示不恭的物品。

⑥　为受礼人所忌讳的物品。在送礼时，若礼品触犯受礼人的宗教禁忌、民族禁忌、职业禁忌或个人禁忌，也会功亏一篑。

⑦　涉及国家机密或商业机密的物品。若将此物品赠予外国人，不管自己是否有意，都会有损国家利益，而且还触犯法律。

⑧　不道德的物品。将不道德的物品送给别人，会害人害己，应当绝对禁止。

向外国人赠送礼品，不仅要重视具体品种的选择，而且一定要注意赠送礼品的方式方法。根据礼仪的惯例，注意涉外交往馈赠的方法，具体是指礼品的包装、送礼的时机等方面，必须表现得中规中矩，不乱章法。

1）要重视礼品的包装。在国际交往中，礼品的包装是礼品的有机组成部分，如图6-9所示。它被视为礼品的外衣，送礼时不可或缺。否则，就会被视为随便应付受礼人，甚至还会导致礼品自身因此而贬值。有鉴于此，送给外国人的礼品，一定要事先进行精心的包装。对包装所用的材料，都要尽量择优而用。与此同时，送给外国人的礼品外包装，在其色彩、图案、形状等方面都要尊重受礼人的风俗习惯。

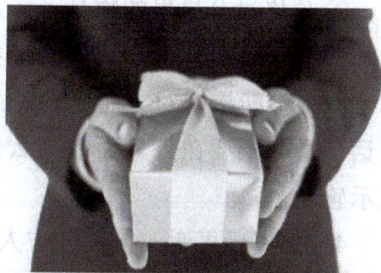
图6-9　礼品包装

2）要把握送礼的时机。在涉外交往中，由于宾主双方关系不同，具体所处时间、地点及送礼的目的不同，送礼的具体时机自然也不能以不变应万变。按照国际惯例，把握送礼的最佳时机，最重要的是要对具体情况进行具体分析。在会见或会谈的时候，如果准备向主人赠送礼品，一般应当选择在起身告辞时。向交往对象道喜、道贺时，如向对方赠送礼品，通常应当在双方见面之初相赠。出席宴会时向主人赠送礼品，可在起身辞行时进行，也可选择餐后吃水果之时。观看文艺演出时，可酌情为主要演员预备一些礼品，在演出结束时登台祝贺并当面赠送。

游览观光时，如果参观单位向自己赠送了礼品，最好在当时向对方适当地回赠一些礼品。为专门接待的人员、工作人员准备的礼品，一般应当抵达当地后尽早赠送给对方。作为东道主接待外国来宾时，如欲赠送一些礼品，可在来宾向自己赠送礼品后进行馈赠，也可以在外宾临行前一天，在其下榻之处进行探访时相赠。

（2）礼品的接受。在涉外交往中接受外国友人所赠送的礼品，大致上有以下四个方面的问题需要注意。

1）欣然接受。当外国友人向自己赠送礼品时，一般应当大大方方、高高兴兴地接受下来，不要跟对方推来推去、过分客套。在接受受赠的礼品时，应当起身站立，面含笑容。接受礼品时，面无表情，用左手去接受礼品，或是接受礼品后不向送礼人致以谢意，都是非常失礼的表现。因此，当接受宾朋的礼品时，要用双手接过礼品，并向对方致谢。

2）要启封赞赏。在国际社会，受礼人在接受礼品时，通常习惯当着送礼人的面，立即拆掉礼品的包装，然后认真地对礼品进行欣赏，并且对礼品适当地赞赏几句，以示对送礼人的尊重。在许多国家，接受礼品后若不当场启封，或是暂且将礼物放在一旁，都会被视为失礼之至。

3）必须要拒绝对方的礼物。拒绝收礼一般是不允许的，若因故拒绝，态度应委婉而坚决。通常外国人赠送的以下五类物品不宜接受。

① 违法、违禁物品。

② 有辱我方国格、人格的物品。

③ 可能使双方产生误会的物品。

④ 价格过分昂贵的物品。

⑤ 一定数额的现金、有价证券等。

如果不能接受对方赠送的礼品，应当立即向对方说明原因，并将礼品当场退还，可能的话，最好不要在外人面前这么做；若对方并无恶意，在退还或拒绝礼品时，还须向对方表示感谢。

4）要事后再谢。接受外方人员赠送的礼品后，尤其是接受了对方赠送的较为贵重的礼品后，最好在一周内打电话或发信息给送礼人，向对方表示感谢。若礼品是由他人代为转交的，则上述做法更是必不可缺的。以后有机会再与送礼人见面时，不妨再次当面向对方表示一下自己的谢意。或者告诉对方，送的礼物自己不仅喜欢，而且在经常地使用。这种令对方感到物有所值、备受重视的做法，会使对方极其开心。

微课13　馈赠礼仪

知识拓展　小费

给予小费的做法起源于18世纪的英国伦敦。当时酒店的饭桌中间摆有写着"保证服务迅速"的碗。顾客将零钱放入碗中，便会得到招待员迅速而周到的服务。之后这种做法不断延续扩大，成为感谢招待员的一种报酬，如图6-10所示。

图6-10　小费

1．给小费的场合

在欧洲，所有的饭店在结账时都要收10%～15%的小费（也称服务费）。除此以外，旅客还多少要给侍者一些零钱（约15%）。住旅馆，除了账单上有10%～15%的服务费外，还有其他额外服务也得付小费，如开房门、拿行李等。

在国际机场或在火车站帮忙搬运行李的搬运工，在影剧院分发节目单的服务员，以及其他场所有服务人员帮存取衣帽、帮开关门等，都要付小费。

2．给小费的方式

除交付账单上公开列明的费用外，给小费多在私下进行。一般小费放在茶盘、酒杯底下，或直接塞在服务员手里；或在付款时给付整钱，将多出账面尾数的零钱作小费。如乘出租车，通常的办法是付给司机一个整数的车费，一般多加1/10左右，不要他找钱就行。另外，如果司机对你服务热情而周到，帮助提箱子又当向导，并告诉你许多注意事项，则应灵活一些，多给一些小费。

技能训练

训练一：练习涉外乘车礼仪。

两人一组，互相解说小轿车、大轿车内乘车礼仪要求。

训练二：练习涉外宴请礼仪。

学生分成若干组，各组分别展示宴会席位和布置效果图，并派代表解说宴会礼仪。

测一测

1．以组为单位用小品的形式展现馈赠外宾礼品的礼仪。

2．查找相关资料，总结中西方礼仪文化的差异，在班级内进行讨论交流。

学习实践

学生分成若干学习小组，模拟承办国际职教联盟联谊会的各项环节，并练习相关涉外礼仪。

1．此次参会国家共有10个，请依据教师所列名单，按照国际上通用的礼宾次序安排各国代表。

2．选择迎送外宾、参观校园、宴请外宾其中一个场景进行模拟演练。

3．联谊会即将结束，请模拟赠送参会各国代表礼物的过程。

要求：小组展示过程应流畅自然，突出涉外礼仪相关知识点。

成果评价

结合本任务的学习内容，填写表6-1，对涉外交往礼仪的认识程度进行评价，并在相应的等级中画"√"。

表6-1　涉外交往礼仪评价表

评价内容	😄		😐		😞	
	学生评	教师评	学生评	教师评	学生评	教师评
了解涉外交往的基本原则						
了解涉外礼仪的八项通则						
了解涉外日常交往的礼节						

任务二　了解部分国家的风土人情

案例导入

丽丽一行人从国内出发前往印度尼西亚度假，淳朴的民风和别具一格的国家风情让丽丽等人玩得非常开心。离开的前一天，在饭馆吃饭时，丽丽注意到了坐在她们隔壁桌的一个非常可爱的印尼孩子，在征得其父母同意的情况下，丽丽与孩子合了影，最后还忍不住摸了摸孩子的头。不料，孩子的父母却突然变得很不开心。原来，在印尼，头部是人体最高的部分，也是人体中最神圣无比的部分，尤其是孩子的头，被视为神明停留之处。所以，他们不会允许别人触摸他们的头。丽丽没想这个在国内表达对孩子喜爱的平常举动，竟然造成了他人的误解。

这个故事说明了什么问题？如果你是丽丽，你会如何表达对孩子的喜爱？

知识点 了解不同国家的习俗与禁忌

所谓风俗，是指一个国家和民族在生活中长期积淀而成的相对统一的风尚、习俗，是一种大家共同遵守的、习以为常的、处之泰然的生活方式、习惯和民俗。由于受历史传统、宗教信仰、民族心理、道德意识、审美观念、自然环境等诸多因素的影响，各个国家、地区和民族都形成了一些特殊的风俗习惯，包括一些独特的习俗与忌讳。

我们在涉外工作中应该了解和尊重交往国的各种习俗，切不可因为对方的风俗习惯与我们不同而大惊小怪、妄加评论。否则，小则可能引起外宾误会或不愉快，失去我们的合作伙伴；大则可能有损民族形象、国家形象。切记，外事无小事。

一、亚洲国家的习俗与禁忌

1. 泰国

（1）生活习俗。泰国素有"黄衣佛国"之称，佛教对泰国的政治、文化艺术以及日常生活都有重要的影响。上至王室，下至一般百姓，不论举行任何活动都必须采用佛教仪式（见图6-11）。

泰国人对酒类销售时间有规定：深夜两点以后，不准再卖酒。除非相当西化的场合，泰国人见面行双手合十礼。

图6-11 泰国大皇宫

泰国人的主食是大米，副食主要是鱼和各种新鲜蔬菜。早上喜欢吃西餐，烤面包、黄油、果酱、咖啡、牛奶、煎鸡蛋等。鱼露和辣椒为常用的调味品。喜食民族风味的咖喱饭，有饭后吃水果的习惯。

（2）宗教信仰。泰国人大多信奉佛教，全国佛寺多达四万多座。

（3）禁忌。泰国人在接受礼物或递送东西时用双手，忌用一只手，以表庄重有礼。泰国人认为头是神圣不可侵犯的，如果用手触摸泰国人的头部，则认为是一种极大的侮辱。如果用手打小孩的头部，则认为一定会生病；长辈在座，晚辈必须坐在地下或者蹲跪，以免高于长辈的头部；忌他人拿着东西从头上掠过。在泰国人面前盘足而坐或以脚底对着人是不礼貌的。忌随意给佛像拍照。当着泰国人的面最好不要踩门槛，他们认为门槛下住着神灵。

2. 新加坡

（1）生活习俗。新加坡人口中有3/4以上是华人。新加坡华人本土意识强，一向有勤奋、谦虚、可靠的美德。时间观念强，讲究卫生（见图6-12）。

新加坡人偏爱广东菜和西餐，爱吃的菜肴有炒鱼片、炒虾仁、油炸鱼、咖喱牛肉等，主食为米饭、包子等。爱吃桃子、荔枝、梨等鲜果，喜食点心。

图6-12 新加坡鱼尾狮雕像

（2）宗教信仰。新加坡虽然国土面积不大，但它却是一个多民族的国家，所以不同民族的新加坡人信奉的宗教不同，主要有佛教、伊斯兰教、印度教、基督教等。

（3）禁忌。进清真寺要脱鞋。谈话时避免谈论政治和宗教，可以谈及新加坡的经济成就。红、绿、蓝色受欢迎，视黑色为不吉利，黑、白、黄是新加坡人禁忌的颜色。在标志上，禁止使用宗教词句和象征性标志，喜欢大象、蝙蝠图案。

3．韩国

（1）生活习俗。韩国人重视商业伙伴的涵养素质，从事商业谈判的时候，若能遵守他们的生活方式，他们会对你的好感倍增，如用餐时不可边吃边谈，他们认为吃饭的时候不能随便出声（见图6-13）。

图6-13 韩国首尔塔

韩国人以米饭为主食，早餐也习惯吃米饭，不吃稀饭。韩国人爱吃辣椒、泡菜、烧烤中要加辣椒、胡椒、大蒜等辛辣的调味品。对他们来说，汤也是每餐必不可少的，有时汤中要放猪肉、牛肉等烧煮，有时也简单地倒些酱油，加点豆芽即成。韩国人最爱吃的是炖汤，这是用辣椒酱配以豆腐、鱼片、泡菜或其他肉类和蔬菜加水煮制的。此外，他们也爱吃醋调成的生拌凉菜。但不喜爱吃带甜酸味的热炒菜肴。韩国人在用餐时很讲究礼节，用餐时不能随便出声，不可边吃边谈，如不注意这一小节，往往会引起别人的反感。

（2）宗教信仰。韩国人信奉佛教、基督教、天主教等。

（3）禁忌。"四"字在韩语中发音与"死"一样，认为是不吉利的，因而楼房没有四号楼、旅馆不称第四层等。进入韩国人的住处或饭店需要脱鞋。相处时，宜少谈当地政治，多谈韩国文化艺术。

4．日本

（1）生活习俗。日本人性格内向，好胜心强，自尊心强，勤劳刻苦，注意遵守时间，注重礼节（见图6-14）。

由于四面环海，特殊的地理环境决定了日本的饮食习惯，以大米为主食，以鱼虾、贝类等为烹饪原料，有热、冷、生、熟等各种吃法，喜欢饮酒。日本人饮食喜清淡，忌油腻，爱吃鲜中带甜的菜。爱吃牛肉、鸡蛋、清水大蟹、海带、精猪肉和豆腐、面酱、酱菜、紫菜、酸梅等。不喜爱吃羊肉和猪内脏。日本人吃水果偏爱瓜类，如西瓜、哈密瓜等。

图6-14 日本富士山

（2）宗教信仰。日本人主要信奉佛教和神道教。

（3）禁忌。日本人在餐桌上使用筷子有八忌：忌舔筷、迷筷、移筷、扭筷、插筷、掏筷、跨筷、剔筷。忌荷花图案，因为荷花图案被认为是过世的人使用的。菊花，特别是十六瓣的菊花是皇家专用花饰，不能作为礼品送人。忌讳数字4和9，日文中4和死、9和苦的发音相同。招待日本客人不要把筷子插在米饭上，忌多人用一双筷子多次夹食。与日本人合影忌三人一排，认为被夹在中间是死亡的征兆。日本人不喜欢在礼品包装上系蝴蝶结，不要给日本人送有动物形象的礼品。日本人有互赠名片的习惯，初次相识，就互相交换名片，认为这是初次见面的一种礼仪。

5．印度

（1）生活习俗。印度商人善于经营，讨价还价。印度教徒迎接贵宾时，主人要向客人敬献花环，并亲手将花环套在客人的脖颈上。给客人的花环一般佩及前胸。喀拉拉邦、安得拉邦等少数邦有摇头表示同意的习俗，应特别注意（见图6-15）。

图6-15　印度阿格拉红堡

印度人的主食是印度烙饼和咖喱饭。喜欢吃的肉类是鸡、鸭、鱼、虾，蔬菜是番茄、洋葱、白菜、菠菜、茄子、菜花，尤其爱吃土豆。印度人喜食咖喱，常用的咖喱粉有20多种。印度人烹调时所用的调料繁多，如咖喱鸡要用27种调料，炖菜用的调料也很多。印度人不吃牛肉、不喝酒，但有饮茶的习惯。

（2）信仰。印度人大多信奉印度教，一小部分信奉伊斯兰教、基督教、锡克教、佛教等。

（3）禁忌。忌讳白色、黑色、灰色，认为白色表示内心的悲哀，习惯用百合花当作悼念品，黑色、灰色是消极的颜色。忌讳左手传递东西和食物，认为左手是不洁净的，也不愿见到有人使用双手与他们打交道。印度人忌讳众人在同一盘中取食，也不吃别人接触过的食物。切莫抚摸小孩的头。孔雀是印度国鸟，同牛一样神圣。

二、欧洲国家的习俗与禁忌

1．英国

（1）生活习俗。英国人性格传统、保守，崇尚古物，不喜欢谈私事，尊重妇女，爱独处，忌别人闯进他们的生活，也不爱管他人的闲事，谨慎，感情不外露，讲文明、重礼节、守纪律、守时、守约（见图6-16）。

图6-16　英国伦敦塔桥

英国人口味清淡，喜食鲜嫩、焦香的食物，吃的东西少而精，不爱吃带黏汁和辣味的菜，爱吃烤面包，喜食浓汤、新鲜蔬菜、水果等，爱吃牛羊肉、鸡、鸭、野味。爱喝葡萄酒、啤酒和烈性酒，爱喝牛奶、红茶。由于宗教原因，大多数欧洲人星期五正餐经常吃鱼。欧洲人基本不食用动物肝脏。一般来说，带皮、带刺、带骨、脂肪裸露的菜肴也不喜欢吃。

（2）宗教信仰。英国人信奉基督新教和罗马天主教等。

（3）禁忌。忌用大象图案，以为大象是蠢笨的象征。视孔雀为淫鸟、祸鸟，连孔雀开屏也被视为是自我炫耀的表示。忌用人像作为商品装潢。忌把百合花作为礼物送人，百合花意味死亡。忌系条纹领带（只有警察和学生才系）。忌跷二郎腿、拍肩背，站着说话不能手插口袋。如倒奶茶应先倒奶，后倒茶，不能次序相反。

2. 法国

（1）生活习俗。法国人时间观念很强，无论公私访问一定预约。法国人性格热情开朗，乐观爱美，追求时髦，衣着讲究。法国人喜爱有文化、有美学意义的礼品（见图6-17）。

图6-17 法国凯旋门

法国烹调用料讲究，花色品种繁多，特点是香浓味厚、鲜嫩味美，注重色、形和营养。烹调原料非常广泛，如猪、牛、羊肉，家禽、鹅肝，蛋类、香肠，蜗牛、鱼虾、牡蛎等海产品和多种新鲜蔬菜。法国是著名的"奶酪之国"，干、鲜奶酪世界闻名，是法国人不可缺少的食品。主食以法式面包为主。法国的葡萄酒产量很高，质量上乘，香槟酒享誉世界。

（2）宗教信仰。法国大多数人信奉天主教，少数信奉基督教和伊斯兰教。

（3）禁忌。一般不宜把色彩鲜艳的花束送给年轻女子，除非你有意向对方表示爱意。送花不宜送康乃馨，法国人认为这是不吉祥的；菊花只送给过世的人，看望病人避免送气味特别芬芳的鲜花；忌杜鹃花、纸花和黄色花送人，黄色花是不忠的象征。不喜吃无鳞鱼和辛辣食品。不能随便送女人香水，因其意味着求爱。

3. 德国

（1）生活习俗。德国人的特点是勤勉、矜持、有朝气、守纪律、爱清洁、喜欢音乐、好客、待人热情、家庭观念重（见图6-18）。

德国以握手为礼，德国人讲话喜欢单刀直入，应邀到德国人家里做客，可带鲜花送女主人（必须是单朵），千万别带葡萄酒去，他们会认为这是嫌主人选酒的品位不够高，可带威士忌酒作为礼物。

图6-18 德国新天鹅堡

德国人的早餐比较简单，以面包、奶酪、牛奶为主；午饭是主餐，喜欢吃肉，如牛肉、猪肉、火鸡、鸡、鹅、鸭及野味，并搭配蔬菜，蔬菜以生食、煮食为主；重视晚餐。德国的肉肠种类很多，是日常消费最多的肉制品。德国肉类食品的消费量相当大。德国菜肴口味清淡，果醋被广泛食用，凉拌蔬菜口味偏酸，喜欢吃蛋糕等甜食，喜欢吃微辣的菜。德国人以嗜饮啤酒而著称于世，年人均啤酒消费量为世界之冠，每年10月举行闻名世界的慕尼黑啤酒节。

（2）宗教信仰。德国人除信仰基督新教、天主教外，也有少数人信仰伊斯兰教和佛教。

（3）禁忌。德国人忌用茶色、黑色和深蓝色。忌食核桃，忌送玫瑰花。禁邮纸牌和对国家安全有害的文学作品。

4．意大利

（1）生活习俗。意大利人狂热如火，意大利人特别偏爱狗和猫，认为葡萄是幸福吉祥的象征（见图6-19）。

意大利人喜欢吃通心粉、馄饨、葱卷等面食，菜肴特点是味浓、香、烂，以原味原汁闻名，烹调以炒、煎、炸、红烩、红焖等著称，爱吃牛、羊、猪肉和鸡、鸭、鱼虾等，习惯吃六、七成熟的菜。饭后吃水果，如葡萄、苹果、橄榄等。意大利人每餐通常有两道菜，喜好饮酒。

图6-19　意大利比萨斜塔

（2）宗教信仰。意大利人大多数信奉天主教。

（3）禁忌。

意大利人忌用菊花，送花时，花枝、花朵要送单数。红玫瑰表示对女性的一片温情，一般别送。手帕、丝织品和亚麻织品一般不宜送人。意大利人喜欢绿色和灰色，忌紫色，也忌仕女像、十字花图案。和意大利人一般不要谈政治、经济方面的敏感问题。

5．瑞典

（1）生活习俗。瑞典人由于特殊的地理环境及和平宁静的生活方式形成了既乐观又沉默寡言，既愿结交又较孤僻的复杂性格。他们业余时间交往不多，瑞典人喜爱安静幽雅的环境，特别喜欢花草（见图6-20）。瑞典商人朴素、沉着而亲切，计划性强，从不显出浮躁及神情不定。他们办事按部就班，循规蹈矩，时间观念强。探亲会友时带一束鲜花，这对于瑞典人来说是必要的礼节。

图6-20　瑞典斯德哥尔摩市政厅

瑞典是个半禁酒的国家，酒不可以作为礼物送人。瑞典人以西餐为主，面包和马铃薯是他们的主食，其中特别喜欢黑面包。瑞典人比较习惯吃欧式菜，口味清淡，通常加入较少的调料，尽量保持原有风味。喜欢清鲜，不爱油腻。喜欢吃生冷的食品，肉片和鱼块都是半熟的。

（2）宗教信仰。瑞典人大部分信奉基督教的路德宗，其他的信仰有罗马天主教、东正教和犹太教等。

（3）禁忌。忌陌生人问其政治倾向、家庭经济情况、年龄、宗教信仰、行动去向等。忌讳"13"，忌在众人面前擦鼻涕或抠鼻孔。忌伤害鸟类及猫、狗等动物。忌众目睽睽之下过分亲昵的言行。忌讳在公共场所吸烟。

6．俄罗斯

（1）生活习俗。俄罗斯人酷爱绘画、雕塑、编织等艺术。俄罗斯人性格豪爽大方，不善掩饰感情。俄罗斯有给客人献面包和盐的礼仪，这是殷勤招待客人的表现。在俄罗斯，尊重女性，女士优先（见图6-21）。

图6-21 俄罗斯莫斯科红场

俄罗斯和东欧各国的饮食习惯接近，以面食为主，爱吃酸味的食品，酸黄瓜是大众化的菜肴。甜菜汤、黑面包、牛奶都要吃酸的。俄罗斯人口味较重，喜欢焖、煮、烩菜，也吃烤、烧、炸菜。俄罗斯人爱吃青菜、黄瓜、番茄、土豆、萝卜、洋葱、酸白菜、鱼、奶酪、水果，喜食冷火腿、灌肠、黄油、黑面包、黑红鱼子酱。俄式大菜享誉世界。俄罗斯人爱喝酒，伏特加是闻名世界的高浓度白酒。

（2）宗教信仰。俄罗斯人信奉东正教、伊斯兰教、犹太教等。

（3）禁忌。俄罗斯人认为打碎镜子，意味灵魂毁灭，将有不幸；而打碎杯子、碗、盘、碟则意味着富贵、幸福。对左右讲究分明，认为左方站着的是凶神，右方站着的是保护神。因此，路上遇到熟人时，一般不伸左手问好。忌讳"13"，偏爱数字"7"。认为兔子和黑猫是不祥之物。

7. 西班牙

（1）生活习俗。西班牙人以其自尊和荣誉感而闻名于世。西班牙人喜欢热闹，健谈、爽直而有礼貌，举止文雅而有风度。热情诚挚，有注重文明的民族传统。西班牙各地在文化方面存在着巨大差别，所以不能用在某一特定地方获得的印象去判断所有的西班牙人。西班牙人喜欢斗牛，如图6-22所示。西班牙人以西餐为主。

图6-22 西班牙斗牛

（2）宗教信仰。西班牙人多数信奉天主教。

（3）禁忌。与西班牙人交谈，可以谈论政治、体育和旅行，不要谈论宗教、地方政治、家庭及个人问题。不要说斗牛的坏话，如果稍有异议，会引起他们的反感。忌"13""星期五"。大丽花和菊花不宜送人，因为它们被看作与死亡有关。

三、美洲国家的习俗和禁忌

1. 美国

（1）生活习俗。美国人性格开朗，说话坦率、直爽，举止不拘小节，向往自由。喜欢实际，讲究实效，时间观念强。美国人独立性强，喜欢求新奇、求变革。在社交场合讲究女士优先。总统山如图6-23所示。

美国人较少握手，即使是初次见面，也不一定要先握手。时常是点头微笑致意，礼貌地打声招呼即可。美国人谈话不喜欢双方离得太近，一般应保持在120～150cm，最少不得少于50cm。

图6-23 美国总统山

美国人喜欢别人直接叫自己的名字，并认为这是亲切友好的表示。应邀才能去美国人家里做客或参加宴会，没有预约的登门拜访是不受欢迎的。

美国人喜欢吃西餐，爱吃鸡肉、鱼、猪排、烤牛排等肉类食品及青豆、菜心、豆苗、刀豆、蘑菇等蔬菜。习惯把酱油、醋、盐、味精、胡椒粉、辣椒粉等放在餐桌上自行调味。

（2）宗教信仰。美国人信奉基督新教和天主教。

（3）禁忌。忌问年龄、婚姻状况、收入、宗教信仰等。美国人认为"13"这个数不吉利。对星期五和黑狗抱有畏惧和讨厌心理。忌吃动物内脏。讨厌蝙蝠，认为它是凶神恶煞的象征。忌讳黑色，却偏爱白色和黄色，认为它们象征纯洁、和谐。不提倡人际交往中送厚礼。

2. 加拿大

（1）生活习俗。加拿大人性格开朗，富于理性。不保守、教条，谦虚，重实利。自由观念较强，行动比较随便。时间观念强，讲究工作效率。加拿大人在工作时间很注重个人仪表，讲究卫生。加拿大人的生活习俗包含着英、法、美三国人的综合特点。加拿大人喜欢现代艺术，酷爱体育运动，尤其是冬季冰雪运动，如图6-24所示。

图6-24 加拿大滑雪

加拿大人的饮食习惯与美国相似，喜食牛肉、鱼、鸡蛋及各种蔬菜。

（2）宗教信仰。加拿大人多数信奉新教和罗马天主教，少数人信奉犹太教和东正教。

（3）禁忌。忌讳"13""星期五"，认为"13"是不吉利的数字，"星期五"是灾难的象征。忌讳白色的百合花，一般只有在葬礼上才用。

3. 墨西哥

（1）生活习俗。墨西哥人十分注重礼节风度、言谈举止。在公共场合，一般都显得十分文雅。墨西哥人吃辣椒不亚于我国的四川人，吃水果也要撒上一点辣椒面，以嗜酒而闻名于世。玉米是墨西哥人的主食，讲究菜肴的营养价值，注重菜肴的鲜美味道，喜欢我国的川菜（见图6-25）。

图6-25 墨西哥太阳金字塔

（2）宗教信仰。墨西哥人绝大多数信奉天主教。

（3）禁忌。在墨西哥，各式各样的骷髅处处可见。在墨西哥人眼里，骷髅是一种吉祥物。

墨西哥人忌讳"13""星期五"。忌讳有人送黄色、红色、紫色的花，认为黄色花意味着死亡，红色花表示符咒，紫色则是棺材的颜色。忌讳蝙蝠及其图案和艺术造型，认为蝙蝠是一种吸血鬼，给人以凶恶、残暴的印象。忌讳用与地面平行的手势来比画小孩的身高，认为这种手势带有侮辱性。

四、非洲国家的习俗和禁忌

埃及

（1）生活习俗。埃及人正直、爽朗、宽容、好客。他们往往以幽默的心情来应付严酷的现实生活（见图6-26）。

图6-26　埃及卡纳克神庙

埃及人喜吃甜食，正式宴会或富有家庭正餐的最后一道菜都是上甜食。埃及人通常以"耶素"（一种面包）为主食，进餐时与煮豆、白乳酪和汤类一并食用。他们喜食羊肉、鸡肉、鸭肉、鸡蛋以及豌豆、洋葱、南瓜、茄子、胡萝卜、土豆等。在口味上，一般要求清淡、甜、香、不油腻。串烤全羊是他们的待客佳肴。

（2）宗教信仰。埃及人绝大多数信奉伊斯兰教，少数人信奉基督教。

（3）禁忌。埃及人喜欢绿色和白色，讨厌黑色和蓝色。忌食猪肉。忌用左手与他人握手或递物。忌在众人面前打呵欠和打喷嚏。

五、大洋洲国家的习俗和禁忌

澳大利亚

（1）生活习俗。澳大利亚人很讲究礼貌，在公共场合从来不大声喧哗。在银行、邮局、公共汽车站等公共场所，都是耐心等待，秩序井然。握手是一种相互打招呼的方式，拥抱亲吻的情况则较为罕见。澳大利亚同英国一样有女士优先的习惯。他们非常注重个人在公共场所的仪表，男士大多数不留胡须，出席正式场合时西装革履，女士是西服套裙。澳大利亚人的时间观念很强，约会必须事先联系并准时赴约。送给女主人的礼物可以是一束鲜花，给男主人则送一瓶葡萄酒。澳大利亚人待人接物都很随和。

澳大利亚人在饮食上以吃英式西餐为主，其口味喜清淡，忌食辣味菜肴，有的人还不吃酸味的食品，菜肴一般以烤、焖、烩的烹饪方法居多。他们在就餐时，大都喜爱将各种调味品放在餐桌上，任其自由选用调味，而且调味品要多。澳大利亚的食品素以丰盛和量大而著称，尤其对动物蛋白的需要量较大。他们通常爱喝牛奶，喜食牛羊肉、精猪肉、鸡肉、鸭肉、鱼肉、鸡蛋、乳制品及新鲜蔬菜。爱喝咖啡，喜食水果。

（2）宗教信仰。澳大利亚是一个基督教占主流，其他各种宗教并存的多元文化社会。澳大利亚人尊重他人的宗教信仰自由。基督教堂、清真寺、佛教寺庙和犹太教堂在主要城市星罗棋布。有些大学也有自己的宗教团体。

（3）禁忌。澳大利亚普遍把鸸鹋和袋鼠（见图6-27）作为象征澳大利亚的动物。它被澳大利亚人视作大洋洲大陆最早的主人。在澳大利亚人眼里，兔子是一种不吉利的动物。他们认为，碰到了兔子，可能是厄运降临的预兆。

图6-27　澳大利亚袋鼠

技能训练

　　教师出示不同国家代表性建筑或代表不同国家风俗的图片，请学生说出此国家的风俗与禁忌。

测一测

　　1．查找资料，填写表6-2中列出国家的国花。

表6-2　各国国花

洲　名	国　　　家	国　花	洲　名	国　　　家	国　花
亚洲	韩国		欧洲	英国	
	日本			德国	
	朝鲜			法国	
	印度			俄罗斯	
	泰国			意大利	
	新加坡			葡萄牙	
	伊朗			西班牙	
	伊拉克			瑞士	
	马来西亚			瑞典	
	巴基斯坦		美洲	加拿大	
	沙特阿拉伯			美国	
	菲律宾			墨西哥	
非洲	利比亚			巴西	
	刚果			阿根廷	
	南非		大洋洲	澳大利亚	
	埃及			新西兰	

　　2．以组为单位查找有关资料，了解基督教、伊斯兰教、佛教等宗教的礼仪与禁忌，同学之间进行交流。

　　3．西方国家有哪些主要的节日？他们是如何庆祝的？收集相关图片和视频在班级内部进行交流。

成果评价

　　说出五大洲代表性国家的习俗和禁忌，并完成接待外宾模拟、礼宾次序安排、国旗悬挂设计、赠送礼品的模拟任务。请填写表6-3进行评价，在相应的等级中画"√"。

表6-3　涉外礼仪评价表

评价内容		😄		😐		☹	
		学生评	教师评	学生评	教师评	学生评	教师评
涉外接待	能够完成外宾的接待						
	能够安排礼宾顺序						
	能够安排国旗的悬挂						
	能够针对不同对象选择合适的礼品						
各国习俗与禁忌	能说出亚洲代表性国家的习俗和禁忌						
	能说出欧洲代表性国家的习俗和禁忌						
	能说出美洲代表性国家的习俗和禁忌						
	能说出非洲代表性国家的习俗和禁忌						
	能说出大洋洲代表性国家的习俗和禁忌						

参 考 文 献

[1] 金正昆. 社交礼仪教程[M]. 6版. 北京：中国人民大学出版社，2019.

[2] 翁海峰. 职业礼仪规范[M]. 北京：机械工业出版社，2012.

[3] 王景华，邹本杰. 礼仪修养[M]. 北京：北京师范大学出版社，2010.

[4] 周思敏. 你的礼仪价值百万[M]. 北京：中国纺织出版社，2009.

[5] 蔡践. 礼仪大全[M]. 北京：当代世界出版社，2007.

[6] 陈玉奇. 中职生成长导读——礼仪篇[M]. 北京：科学出版社，2011.

[7] 侯苏容. 民航服务礼仪实训[M]. 2版. 北京：中国人民大学出版社，2019.

[8] 魏全斌，刘桦，刘忠. 空乘服务礼仪[M]. 成都：四川教育出版社，2008.

参考文献

[1] 李书福. 卡尔·本茨自传[M]. 6版. 北京：中国人民大学出版社，2019.

[2] 张福棠. 现代汽车发动机[M]. 北京：机械工业出版社，2012.

[3] 王建昕. 汽车发动机原理[M]. 北京：北京理工大学出版社，2010.

[4] 陈黎明. 汽车构造与使用与维护[M]. 北京：中国铁道出版社，2002.

[5] 马骏. 汽车发动机[M]. 北京：北京理工大学出版社，2007.

[6] 张立功. 中国汽车技术大全——从认识到[M]. 北京：科学出版社，2011.

[7] 关向荣. 机电图解与代表测[M]. 2版. 北京：中国人民大学出版社，2019.

[8] 陈家瑞. 刘维信. 汽车服务工程[M]. 成都：四川科学技术出版社，2008.